平凡社新書
870

テレビに映らない北朝鮮

鴨下ひろみ
KAMOSHITA HIROMI

HEIBONSHA

テレビに映らない北朝鮮●目次

第3章　平壌の知られざる日常

協力・フジテレビジョン

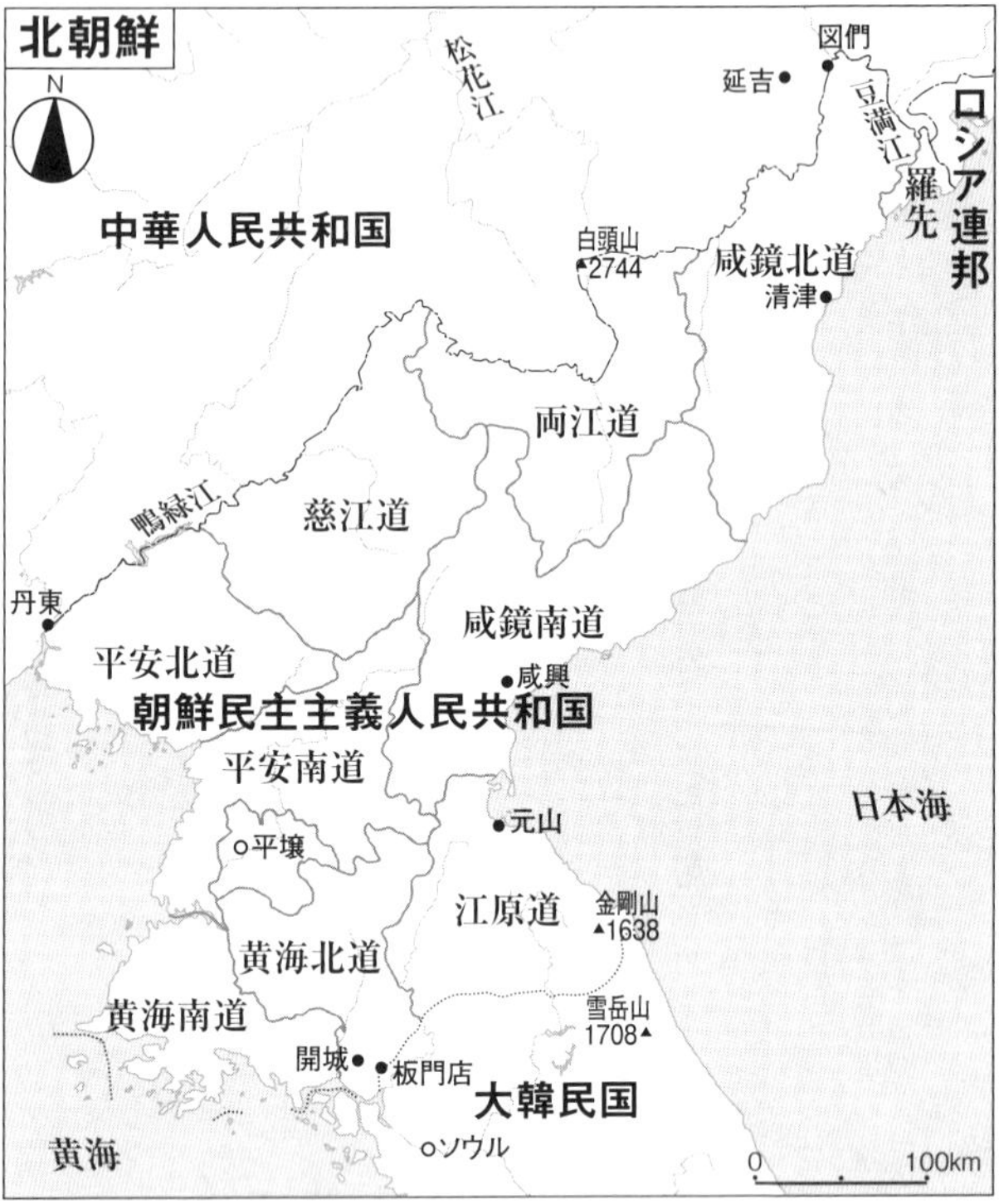

北朝鮮
N
松花江
図們
延吉
豆満江
ロシア連邦
羅先
中華人民共和国
白頭山
2744
咸鏡北道
清津
両江道
鴨緑江
慈江道
丹東
咸鏡南道
平安北道
咸興
朝鮮民主主義人民共和国
平安南道
日本海
元山
平壌
金剛山
1638
江原道
黄海北道
雪岳山
1708
黄海南道
開城
板門店
大韓民国
黄海
ソウル
0
100km

はじめに

戦争の時の空襲警報とは、こんな音なのだろうか。その音の響きは、人を不安に陥れる。

「ミサイル発射。ミサイル発射。北朝鮮からミサイルが発射された模様です。頑丈な建物や地下に避難してください。対象地域は……」

2017年8月29日午前6時02分、北朝鮮のミサイルが北海道の上空を通過し、全国瞬時警報システム（Jアラート）が沖縄県以外の広域で初めて発動された。テレビ画面が一斉に国民保護に関する情報と題された「Jアラート画面」に切り替わる。朝のニュースの時間帯だったが、そのままミサイル発射の緊急特番に突入した。

私も緊急連絡を受け、直ちにテレビ局に向かった。

6時6分、ミサイルは北海道から太平洋へ通過。

6時12分、ミサイルは襟裳《えりも》岬東方の東約1180キロの太平洋上に落下。

時々刻々とミサイル情報が伝えられる。

避難対象地域ではサイレンが鳴り、防災無線を通じて避難が呼びかけられる。住民たちは突然の事態に戸惑う。発射から通過までは、わずか10分程度。いったい、どのように身を守ればよいのか。

北朝鮮のミサイルが日本に飛来し、着弾する――それまで空想していたものが、手触り感のあるものになりつつあることを、日本中が実感した出来事だった。

金日成《キムイルソン》から金正日《キムジョンイル》へ、そして金正日から金正恩《キムジョンウン》へ。代替わりのたびに独裁体制崩壊の可能性が取り沙汰されてきた。

だが、3代世襲は今なお揺るがない。

北朝鮮はこの間、核開発をカードに国際社会を揺さぶり続けてきた。核施設凍結と見返り支援を決めた米朝枠組み合意（1994年）、北朝鮮と日米中韓露の関係国が北朝鮮の核問題を話し合った6カ国協議（2003年開始）など、国際社会の取り組みは結局、北朝鮮にとって核開発への時間稼ぎに過ぎなかったのだ。金正恩体制に入り、弾道ミサイル開発はより速度を増す。

その金正恩を、私は計5回間近で見た。いずれも北朝鮮が海外メディアを招き取材させる祝賀行事の場だった。北朝鮮にとっては格好の宣伝の機会であるにもかかわらず、金正恩は仏頂面だ。時折見せる笑顔の陰にも、不機嫌さが貼り付いている。

不機嫌な独裁者――私は金正恩にこんな印象を抱いた。

北朝鮮、特に金正恩に対する情報は、日本だけでなく国際社会に氾濫している。しかし、そのうち、どれだけが検証に耐えうるものか……。本書では、私が実際に見て、触れて、「これこそが、北朝鮮の実像だ」と信じられるものだけを記そうと試みた。

17年末、この文章を書いている最中にも、金正恩は国際社会を振り回している。国際社会にあふれる情報からはそう見える。

しかし、ふと思うことがある。実際は、金正恩自身が最も恐怖に苛まれているのではないか。国際社会、安全保障、戦略などといった洗練された言葉ではなく、追い詰められた人間が抱く感情を読み解くことによって、北朝鮮を理解する必要があるのではないかと――。

幼少期をスイスで過ごし、在日朝鮮人の母親を持つ彼は、国際社会から北朝鮮がどう見えるか、言われなくてもわかっている。だから高層マンションや新空港などの建設にこだわるのだろう。北朝鮮を見た目だけでも国際水準に近づけたい。しかし、すべてが金正恩の思うように進むわけではない。そのジレンマが解消されない限り、彼の不機嫌は消えない。

私は大学で朝鮮語を学び、フジテレビの記者として1990年から2016年に計13回にわたって北朝鮮を訪問し、この国をウォッチしてきた。

最初の訪朝だった1990年、平壌中心部の夜は灯りがほとんどなく、人影もまばら。ポツンポツンと灯されたかすかな光の下で懸命に本を読んでいた少年の姿が忘れられない。

その後も、北朝鮮での祝賀行事などの取材のため、かの地にわたり、その多くはフジテレビのニュースや、インターネットサイト・ホウドウキョクの番組「鴨ちゃんねる」（2015～17年）で特集し放送してきた。本書では現地での北朝鮮取材を中心に、北朝鮮が内包する「断層」を再現しようと試みた。

日本人の多くは北朝鮮に対し、「何をしでかすか予測不能」「閉鎖国家」「怖い」といったイメージを持つ。一方の北朝鮮住民は「金正恩への絶対的忠誠」を徹底的に叩き込まれている。「自分たちが国際社会から孤立しているのは、アメリカのせいだ」と本気で信じている。日本やアメリカを敵視せよ、と教育され、住民同士が互いに監視し合っている。

だが、実際に北朝鮮住民の息遣いを感じれば、違った側面も見えてくる。

彼らは特別、力が強いわけでもなく、抜群に知能が優れているわけでもない。「外国人を見れば外貨をもぎ取れ」と教えられているわけでもない。彼らの率直な思いや日常生活の中で感じている喜びや悩みに触れてみれば、それは明らかに、北朝鮮当局が発信する

「対外的な宣伝文句」と異なることがわかる。

日本国内にいながら抱く北朝鮮住民像と、実際に向こうに住む人たちのイメージのギャップが、あまりに大きい――私は北朝鮮を訪問するたび、このことを実感した。本来、一般庶民は、我々と変わらない普通の人たちだ。北朝鮮特有の価値観や体制による制約が、彼らを異質な存在にさせているだけなのだ。

周辺国に脅威を与えていても、彼らの目から見れば、周辺環境はまた違ったように映る。世界の最貧国であり弱小国家である彼らが生き残るための処方箋――金ファミリー、中でも金正恩にとっては、それは核開発だった。だが、北朝鮮住民にとっては別の処方箋があるはずだ。これを突き詰めていくことが、今必要なのではないか。それは北朝鮮を等身大に理解し、彼らを国際社会に引っ張り出すためのカードを探し出すことにほかならない。「不機嫌な指導者」の思考回路はどうなっているのか。どんな理想像を描き、国際社会とどう折り合いをつけようとしているのか――テレビには映せなかった、あの話、この話を惜しまずに書き、その断面を描いてみたい。

なお、本文では敬称を略した。写真は筆者撮影のほか、フジテレビの取材映像（熱田信、久保田晃司、永田耕一カメラマンらが撮影）から引用した。

第1章　不機嫌な独裁者

平壌の金日成広場で行われた、朝鮮労働党創建70周年の軍事パレードで敬礼する金正恩第一書記（15年10月）

1 私が見た金正恩

「1号行事」

私が金正恩を初めて間近に見たのは、忘れもしない2013年7月25日。北朝鮮が「祖国解放戦争勝利記念日」と名付けた、朝鮮戦争の休戦から60周年の記念行事の第一弾だった。金正恩が最高指導者に就任してから2度目となる海外メディアの大挙受け入れで、金正恩体制下の北朝鮮の姿を大々的に内外に公開した。金正恩とは一体どんな指導者なのか。私は期待と不安が入り混じった気持ちで、金正恩を目にする時を待っていた。

取材初日、我々が案内されたのは朝鮮戦争で命を落とした兵士らを祀る戦没者廟《びょう》の竣工式だった。

早朝から、記者団は金正恩が出席するか否かも一切伝えられず、何が起きるかわからないまま現場に向かった。携帯とパソコンの持ち込みは禁止。現場ではまず銃を持った兵士によるボディーチェックがあり、緊張感がみなぎっていた。北朝鮮側の対応も混乱し、取材位置の設定が二転三転した。そのたびに少しでもいい場所を取ろうと、外国メディアは争奪戦を繰り広げた。

「一体どうなってるんだ」

当局の指示に振り回され右往左往させられる中、金正恩が突然、会場に姿を現した。取材エリアから金正恩までの距離は50メートルほどだったろうか。移動する姿を必死に目で追いながら、私はとっさに「金正恩第一書記（当時）が階段を上って前に進んでいきます。大きな拍手と歓声が沸き起こっています」とリポートした。

初めて見た金正恩の後ろ姿――刈り上げのヘアスタイル、首が太く、首回りの肉が二重に盛り上がっていた。この様子が今もまぶたに焼き付いている。

「祖父の金日成主席に似ている」

「体型は父親ゆずりの感じかな」

その姿を見ながら、さまざまな形容詞が頭に浮かんだ。

この時、金正恩は最高指導者になってまだ2年もたっていなかった。取り巻きは、父・金正日時代からの側近が中心で、まだ叔母の金慶喜《キムギョンヒ》も健在だった。金正恩もやや緊張した面持ちで、どこかぎこちない様子だったのを覚えている。後継者としてどう振る舞えば良いのか、本人も周囲も戸惑っている、という時期だったようだ。

それから16年5月までに計5回の取材で金正恩を目にした。

今から考えると、13年は金正恩が海外メディアの前に最も多く姿を現した時期だった。朝鮮戦争の戦没者廟の竣工式、祖国解放戦争勝利記念館のリニューアルオープン、アリラン祭の鑑賞……。

後継者としてデビューしたばかりの金正恩は、海外メディアの受け入れにあたり新聞など活字媒体よりも映像を好み、テレビメディアの取材を優先した。父はメディアの前にめったに姿を現さず、秘密主義を貫くことでカリスマ性を維持した。金正恩はそれとは対照的に、肉声で演説したり、人民と触れ合う姿を積極的に公開し、祖父・金日成を意識した統治手法を取った。このため、金正恩体制の初期には変化への期待と、一種の解放感さえ広がっていた。

金正恩の出席する行事は「1号行事」と呼ばれ、出席者には気が遠くなるぐらいのセキュリティーチェックが施される。大型行事となれば、住民らは何時間も前から会場周辺で待機するのが普通だ。報道陣に対してはパソコンや携帯の持ち込みは絶対禁止とされ、ジャケットやネクタイの着用が求められる。最高指導者の動静はトップシークレットのため、金正恩の出席が事前に伝えられることはない。

ただ、メディア担当者の緊張が一気に高まるので、我々はそれを見て「1号行事」らしいと察することになる。メディアは行事開始の4～5時間前に呼び集められ、延々待たされた挙げ句に、金正恩の姿を「拝む」ことが許される。13年には兵士によるボディーチェックのみだったのが、16年にはX線探知機で二重、三重にチェックする体制に強化された。身の安全に不安を感じる金正恩に忖度《そんたく》しているのだろうか。

金正恩体制の権力基盤が固まるにつれ、北朝鮮での取材規制が強化され、行事の担当者が最高指導者の安全に極度に神経を尖らせるようになっていった。

金正恩の現地視察では毎回、側近たちが信じられないほどペコペコし、指導の「お言葉」があれば聞き漏らすまいと必死にメモを取る姿が報じられる。相互監視が隅々まで徹底している北朝鮮では、幹部たちは金正恩への忠誠を競い合うことで、保身を図らなくてはならない。少しでも忠誠を疑われる事態になれば、無慈悲に粛清されてしまうからだ。訪朝するたびに金正恩の1人独裁が、どんどんエスカレートしていると感じていた。

もう一歩で〝ぶら下がり〟取材

当時の取材は現在と比べると、自由度が格段に高かったように思える。その象徴とも言えるのが金正恩と海外メディアの〝ニアミス〟だ。

13年7月、戦勝記念館のリニューアルオープン初日。海外メディアが館内で撮影している最中、金正恩が、中国の李源潮《リーユエンチャオ》国家副主席（当時）を案内しながら、一部メディアのすぐそばを通るというハプニングが起きた。

金正恩の姿に気づいた香港フェニックステレビの記者が、即席の〝ぶら下がり〟取材を試みた。

「金正恩元帥、（朝鮮戦争）休戦60周年で中国国民に何か一言（ありませんか）？」

記者が英語で数秒話しかけると、金正恩は一瞬、驚いたような表情を浮かべたが、無言のままその場を後にした。

フジテレビのカメラもとっさに金正恩に近づこうとしたのだが、SPに体当たりされ阻止された。警備が強化された今では考えられない、貴重なチャンスだった。

もし今、目の前に金正恩が現れたら、尋ねたいことは山ほどある。

なぜ核ミサイル開発を続けるのか？

アメリカ本土や日本を本当に攻撃するつもりがあるのか？

なぜ叔父の張成沢《チャンソンテク》や異母兄の金正男《キムジョンナム》を殺害したのか？

……彼の考えを直接聞くことができたら、それがどんなに過激な主張であったとしても、幾ばくかの本音が含まれているはずだ。金正恩の暴走を止め、朝鮮半島の緊張を和らげるヒントが見つかるかもしれない。

最初は最高指導者の重圧にあえいでいるかのように見えた金正恩は、年を重ねるごとに堂々とした物腰になり、独裁者としてのオーラを身にまとうようになっていった。体重も見るたびに増え、韓国の情報機関・国家情報院（国情院）は金正恩の体重を、12年は90キロだったのが、16年には１３０キロに達したと推定している。私は当初、「金日成のような恰幅の良さを演出するため、必死で太っている」と考えたりしたが、実際にはストレスのため激太りしたようだ。身辺の安全に不安を感じて不眠症になり、暴飲暴食を繰り返していることから、成人病に陥る可能性がある、とも指摘されている。

ミサイルや核実験が成功と報じられるたびに、満面の笑みを浮かべた金正恩の写真が世界を駆け巡っている。しかし、北朝鮮の国営報道は大本営発表のようなもの。金正恩礼賛と体制の宣伝が基本で、実態とは大きくかけ離れていると言わざるを得ない。金正恩の笑顔もあくまで宣伝の一環なのだ。

2　ロイヤルファミリー

複雑な家系図

北朝鮮では、建国の父・金日成からその長男の金正日、さらにその三男の金正恩へと、3代にわたって権力が世襲された。「代を継いで革命の血統と伝統を継承する」という理論が世界に類を見ない権力の世襲を可能としているのだ。

北朝鮮の後継理論は、息子による後継が前提となっている。朝鮮半島の文化では「儒教的な考え方が支配的で、物事を維持・継続していくのは男系であるということに暗黙の了解があるのかもしれない」（北京の外交関係者）という見方が有力だ。

金ファミリーの家系図は実に複雑である。金正恩にどう体制が引き継がれたのかを語る前に、家族関係を整理してみよう。

北朝鮮ではロイヤルファミリーの私生活は公表されていないどころか、すべてが極秘事項と定められ、それを知ろうとすること自体が「スパイ罪」に相当する。金日成、金正日に複雑な女性関係があることは西側では周知の事実となっているが、これらの大半は親族や私生活にかかわってきた側近たちの証言に基づくものだ。ここでは金正日に限った情報を整理する。

日本や韓国の報道機関が伝えた情報を総合すると、金正日には3人の「妻」が存在すると見られている。日本の価値観で考えると封建時代の王朝のようだ。

①公式の妻、金英淑《キムヨンスク》

②人妻で映画女優の成恵琳《ソンヘリム》＝02年5月死亡

③大阪生まれの帰国者で、舞踏家だったコ・ヨンヒ＝04年死亡

この3人が「ファーストレディー」としての扱いを受けてきた。また、金亨稷《キムヒョンジク》師範大学学長の洪一茜《ホンイルチョン》との間にも娘が2人いるという情報もあるが、確認はできていない。

中国外務省直属の世界知識出版社が隔週で発行している雑誌「世界知識」に、日韓メディアを引用しながらも金日成や金正日の私生活について書いた特集記事がある。そこには「金総書記には合計4度の婚姻歴がある」と紹介されている。記事の概要を見てみよう。

最初の結婚相手には二つの説がある。

1人は、金日成総合大学を卒業し、北朝鮮の国会に相当する最高人民会議の代議員も経験したことがある洪一茜。もう1人は、咸鏡北道安全局の電話交換手や朝鮮労働党中央タイピストを務めた金英淑。二つの説には大きな開きがあるが、キーワードはともに「金日

成が選んだファーストレディー」という点だ。だが、親が決めた結婚は決して楽しいものではなかった。結婚後間もなく女の子が誕生したが、これ以外に夫婦の間には共通の話題がなく、婚姻関係は3年で終了した。

1968年、26歳だった金正日は朝鮮労働党の宣伝扇動部副部長を務め、文化・芸術分野を担当していた。その際、映画女優の成恵琳と知り合ったのだ。成恵琳は既に30歳を超え、しかも人妻で、子供もいた。幼少時に母親をなくした金正日は、成恵琳から母性愛のような感情を受け取ったと見られている。2人は恋に落ち、金正日は最初の妻と離婚し、成恵琳も夫と別れた。だが、これに金日成が反対した。映画女優出身で金正日よりも年上、韓国出身、しかも結婚歴があるからだ。

北朝鮮の伝統に照らし合わせても、政治的に見ても、成恵琳は「ファーストレディー」の基準を満たさない。結局、成恵琳との結婚は生涯にわたって金日成の同意を得られず、「金正日夫人」の立場で公式の場に姿を現すことはできなかった。成恵琳は長男・正男を生んだ後は、精神的にも次第に不安定になっていったという。その後は治療のためモスクワに隠遁し、2002年5月に病死した。表に出せない鬱屈した思いを抱いたまま亡くなったのだろうか……。

日本生まれのファーストレディー

成恵琳の後、金正日の生活にまた1人の女性が現れた。

彼女は名実ともに「朝鮮第一夫人（北朝鮮のファーストレディー）」であるコ・ヨンヒ。成恵琳とコ・ヨンヒは、ともに日本の吉永小百合さんに似た「東方美女＝アジアンビューティ」だ。コ・ヨンヒは1953年日本生まれ。60年代に一家は日本から北朝鮮に戻り、コ・ヨンヒは70年代初めに万寿台芸術団に入団した。金日成主催のパーティーで、金正日はコ・ヨンヒにひと目ぼれしたという。2人は一緒に生活するようになり、息子2人と娘1人を授かった。

とはいえ、コ・ヨンヒ夫人の存在は長く伏せられたままで、公の場で存在が確認されたのは比較的最近のことだ。99年から軍隊内でコ・ヨンヒを「平壌のオモニ」と呼ぶ内部的な宣伝を始め、朝鮮人民軍総政治局は、芸術家を組織して「親愛なるオモニ」などの歌曲を創作し、軍で普及させた。2004年、コ・ヨンヒが乳がんで死亡すると、北朝鮮では「白頭山から漢拏山まで」というスローガンが出現した。白頭山は金正日の出生地、漢拏山はコ・ヨンヒの原籍地であることから、このスローガンはコ・ヨンヒを神聖化するものと考えられたのである。

そして、そのコ・ヨンヒが亡くなった後、金正日に付き添ったのは秘書のキム・オクだった。外交活動で夫人の役割を果たしただけでなく、国政を処理する上での重要な補佐役を務めた。06年に金正日が訪中した際、キム・オクは国防委員会（当時）課長として随行した。宴会の際に北朝鮮側は中国側に向かって、キム・オクが「課長であり、夫人でもある」と特別に紹介したといわれる。00年10月に趙明録《チョミョンノク》国防委員会第1副委員長（当時）が金正日の特使として訪米した際や、金正日が韓国・現代グループ会長と会見した際にも同席した。

11年5月、金正日の生前最後となった中国訪問では、金正日に寄り添うキム・オクの姿が随所で目撃された。金正日が病に倒れて以降、キム・オクはその世話を一手に担い、他人を寄せ付けなかったという。長男の金正男でさえ「父が病に倒れて以降、キム・オクが自分の連絡を父に取り次いでくれない」と不満を訴えていた。金正男の送ったファクスをキム・オクが捨てたこともあるようだ。ただ、金正日の死後は表舞台から姿を消している。

金正日のファーストレディーたちはみな、公の場には出ない「日蔭の立場」だった。金正恩は最高指導者就任の当初から夫人の存在を明らかにし、注目を集めた。自分の妻には母親のような「肩身の狭い思い」はさせたくないという思いがあったのかもしれない。

3　金正日の死と後継体制

三人の息子

私がソウルに駐在していた2000年代、金正日の後継者が誰になるのかが、大きな関心事だった。金正日の家族関係から、候補と目されていたのは次の3人だ。

①成恵琳との間に生まれた長男・正男（1971年5月10日生まれ）

②コ・ヨンヒとの間に生まれた次男・正哲《ジョンチョル》（1980年9月25日生まれ＝81年生まれとの説もある）

③その弟の三男・金正恩

このほか、金日成が担当の看護師に手を出して産ませた張賢《チャンヒョン》（1971年生まれ）も後継候補として挙げられていた。金日成が妻・金聖愛《キムソンエ》にばれないよう、娘婿の張成沢の戸籍に入れたため「張」姓を名乗っていると言われていた。張については、「性格は控えめでとても礼儀正しかった」「色白で、目元や眉のあたりが若き日の金日成にそっくりだった」（李韓永《イハニョン》著『金正日に暗殺された私』）という証言や、東欧の北朝鮮大使館に勤めているという情報があったが、人物像は定かではない。

この状況のなか、08年8月中旬、金正日が突如、脳卒中で倒れた。私はこの情報を比較的早い8月下旬の段階でキャッチしていた。金正日が後継者を指名しないまま執権能力を失う事態となれば、北朝鮮は大混乱に陥る。果たして病状はどの程度なのか……。それを見極める鍵となるのが、9月9日の北朝鮮の建国記念日だった。

建国記念日は北朝鮮の重要な記念日の一つで、08年は建国60周年の節目にあたっていた。重要行事の5年、10年の節目には最高指導者が出席するのが慣例だ。金正日がこの行事に欠席することになれば、病状が相当深刻であることを意味する。果たして金正日は現れるのか。私はその一点に注目していた。

行事は異変の連続だった。午前中に始まるといわれていた祝賀行事がなかなか始まらない。軍事パレードも気配がない。午後になってようやく行事の開催が伝えられた。しかし、行事の目玉である軍事パレードは、軍ではなく労農赤衛隊と呼ばれる民兵の閲兵式に変更され、しかも、その様子を眺めるひな壇に金正日の姿はなかった。

北朝鮮メディアによれば、金正日は1991年に朝鮮人民軍の最高司令官に就任して以来、軍事パレードには欠かさず出席してきた。建国50周年、55周年の行事にも出席している。

何かおかしい……。金正日の健康不安説が瞬く間に世界を駆け巡った。北朝鮮側は健康不安説を全否定したが、実は内部では危機感が高まっていた。金正日による統治システムにヒビが入り、独裁体制に揺るぎが生ずれば、金王朝を倒そうと考える勢力が現れる恐れがあったからだ。

金正日が倒れるまで北朝鮮内部では後継者問題が公に語られることはなかった。金正日自身が後継者問題を封印していたからだ。金正日が後継者に内定したのは74年。80年の朝鮮労働党大会で初めて公の場に登場し、後継者としての地位を確立した。金日成に連れ添って20数年かけて後継準備を進めてきた金正日は、後継者を決めれば権力と人心がそちらに移ることを熟知していたのだ。

しかし、自らが病に倒れたことで事態は激変した。早急に後継者を決めなければ、金王朝の存続が維持できなくなる。後継者を誰にするのか、さらには後継者にどのような方法でカリスマ性を身につけさせ、どのような形で一般市民にお披露目するか、権力中枢部で密かに検討が進められた。

とかく、お世継ぎをめぐってはお家騒動が付き物。しかし、北朝鮮は独裁体制であり、他に類を見ない世襲制だ。やはり、最後は血筋がものを言ったということだろう。

「特別放送」の日

朝鮮中央通信は2011年12月19日午前10時に「この日正午にテレビとラジオで『特別放送』がある」と予告した。この日、私は外信部のサブデスク勤務で会社にいた。昼のニュースを準備している最中、この「特別放送がある」との報道に接した。「いったい何だろう？　核問題で進展があったのだろうか」

心当たりの専門家数人に電話し取材してみたが、皆目見当がつかない。金日成死去の時も「特別放送」で報じられたことが頭に浮かんだが、金正日の場合、数日前に視察が伝えられたばかりで、「死亡はありえない」と打ち消した。

特別放送開始の数分前、もの悲しい音楽が流れ始めた。「まさか？」と思った瞬間、名物アナウンサーのリ・チュニが喪服を着てテレビ画面に現れた。その瞬間、私は「金正日が死んだ」と直感し、その場でニュース速報の原稿をつかんだ。

ついに来るべき時が来た――こう思い、一種の衝撃と感慨で茫然としたのを覚えている。

それからしばらく、北朝鮮をめぐって怒濤のような報道が続いた。嘆き悲しむ北朝鮮住民、錦繍山《クムスサン》記念宮殿（現・錦繍山太陽宮殿）に安置された金正日の遺体、弔問に訪れる人々……。

永訣式（告別式）の28日、平壌は朝から雪が舞っていた。次のリーダーとなる金正恩は黒いコートに身を包み、側近らと共に父の棺に付き添った。

その翌日、平壌・金日成広場で中央追悼大会が開かれた。前日の雪とは打って変わって、空は晴れ上がっていた。党中央軍事委員会副委員長だった金正恩をはじめ、党や軍の幹部らがひな壇に上がった。

私にはこの追悼大会に際し、忘れられない場面がある。父親に代わって初めてひな壇中央に立ち、広場を埋め尽くした何万人もの住民たちを見つめる金正恩の顔つきである。時に大きく深呼吸したり、時に険しい表情を見せていた。

それを見ながら、私はいろいろなことを想像した。

彼はこの国の最高指導者として、この住民たちを治めていかなければならない。後ろ盾の父はもういない。後継者としての修業は決して十分ではない。国の経済は厳しく、国際関係でも楽観できる要素は一つもない――北朝鮮を取り巻く情勢を客観視しながら、金正恩の頭の中にはさまざまな思いが去来したのではないだろうか。

大会で金正恩は演説せず、金永南《キムヨンナム》（最高人民会議常任委員長）が演壇に立った。

「われわれは、金正恩同志の指導に従い、悲しみを百倍、千倍の力と勇気に変え、今日の難局を乗り越えて偉大な金正日同志が指し示した先軍（軍事優先）の一路をさらに力強く歩んでいく」

「われわれは金正恩同志をもう一人の将軍、最高指導者として奉じ、先軍（軍事優先）革命偉業、社会主義強盛国家建設偉業を最後まで完成させていく」

これをもって金正日亡き後の最高指導者、金正恩が内外にお披露目されたのである。

翌日、金正恩は朝鮮人民軍最高司令官に就任。翌年4月11日には党代表者会で新設の党最高ポスト「第一書記」、▽2日後の最高人民会議では同じく新設の国防委員会の最高ポスト「第一委員長」、▽7月17日付で朝鮮民主主義人民共和国元帥の称号を得て、権力掌握を終えた。

祖父・金日成がつくり上げ、父・金正日が恐怖政治で固めた権力基盤を、3代目が世襲することで金王朝が継続することになったということだ。

社会主義諸国にはありえない世襲が北朝鮮では3代続いている。もちろん日本の政界や伝統芸能にも世襲は存続している。中国では鄧小平が後継者を指名した。国の成り立ちや指導体制が異なるとはいえ、既存の統治体制を維持するための装置として世襲が使われたのだ。

4　伏せられる出自

未公開の生年

最高指導者就任から5年目の16年5月6～9日、36年ぶりに開かれた朝鮮労働党第7回大会で、金正恩は新たに「朝鮮労働党委員長」の肩書きを得た。「第一書記」という急ごしらえの肩書きを返上し、名実共に金正恩体制が確立したことを内外に示したのである。

実は、この「党委員長」という肩書きは、かつて金日成が使っていた「党中央委員会委員長」と似ているが同じではない。党には「副委員長」の肩書きはあるが、これはあくまでも「党中央委員会副委員長」であり、「党副委員長」というわけではない。金正恩は「中央委員会」という組織を飛び越して「党そのものの委員長」という突出した存在なわけだ。

その後の最高人民会議では、国防委員会を発展・解消させた「国務委員会」の委員長にも就任した。金正恩は17年9月、トランプ米大統領の国連演説に反発して、「史上最高の措置を慎重に考慮」という声明を出した際、この「国務委員長」の名義を使った。つまり、北朝鮮を治める朝鮮労働党のトップとしての仕事をする際には「党委員長」、対外活動で北朝鮮を代表する立場を表す際には「国務委員長」という肩書きを使う、ことを示す。

いま、金正恩にはこのほか、さまざまな肩書きがある。党政治局常務委員、党中央軍事委員会委員長、朝鮮人民軍最高司令官、朝鮮民主主義人民共和国元帥……。

その一方、生い立ちは公式には明らかにされていない。

最高指導者の経歴がベールに包まれている、というのも北朝鮮特有の現象だろう。

まず、生年がはっきりしない。北朝鮮の公式報道は誕生日を「１月８日」と伝えているが、生年については伝えていない。「１９８２年」「83年」「84年」説があり、米国は叔母の高英淑《コヨンスク》の証言などから「84年生まれ」としている。このため、84年との見方が大勢となっている。

家系図をみれば、父親は金正日、母親はコ・ヨンヒ、兄に金正哲、妹に金与正《キムヨジョン》がいる。妹の金与正は金正日の葬儀にも出席し、金正恩の視察に同行するなど表舞台に登場しているが、母親や兄については北朝鮮ではいまだ伏せられている。

母親は在日朝鮮人だったこと、兄を差し置いて後継者になったことがわかれば、国民の反発を買う恐れがあり、簡単には公表できないのだ。

金正恩は２０１０年９月、第４回党代表者会に出席し、初めて公の場に姿を現した。その後、金正日が朝鮮人民軍や経済関係の現地指導をする際、同行する様子が報じられるようになった。それまでは、金正恩の素顔はほとんど知られていなかった。

金正恩を知る「料理人」

情報がほとんどなければ、憶測が独り歩きする。北朝鮮に関する情報は裏どり作業が困難なケースが多い。だから、多少うさんくさい情報でも注目される。

実際に金正恩と会った数少ない証言者の１人が、金正日の専属料理人だった藤本健二だ。藤本は、金正恩が幼いころから負けず嫌いで攻撃的な性格であることから、最初から後継者は金正恩との見方を示していた。藤本によれば、金正日も兄の金正哲は気弱で「女々しい性格」だとして、金正恩の方が指導者に向いていると見ていたという。

藤本は12年７月、11年ぶりの訪朝を果たし、金正恩と夫人の李雪主《リソルジュ》らに面会した。「背信者が戻りました」と挨拶した藤本に対し、金正恩は「よい、よい。裏切ったことはみな忘れた。幼かったときから遊んでくれてありがとう」と述べ、再会を喜んだ。

藤本は２カ月後の９月、再訪朝のため経由地の北京に入った。

この時、彼は「大将同志（金正恩）に日本のラーメンを食べさせたい」と、日本から大量の食材を持ち出し、ラーメンの名店・築地井上の秘伝レシピも準備していた。しかし、北京に入った後も北朝鮮から招請のファクスが届かず、訪朝は実現しなかった。

当時、北京に駐在していた私は、藤本に話を聞いた。

藤本氏は査証（ビザ）が出ないことに戸惑い、そのままビザなしで高麗航空に乗ってしまおうかと思い悩んでいた。高麗航空の事務所から金正恩宛てに手書きのファクスを2度送ったものの、なしのつぶて。前回の訪朝の際、金正恩から「日本と北朝鮮の間を行き来すればよい」とまで言われた彼が、なぜ北朝鮮に入れないのか。

藤本は「来月また来てくれ」と言った金正恩との約束が守れなかったことが原因だと考えていた。

再訪朝が遅れたのは当時の民主党・野田佳彦政権で拉致担当相を務めていた松原仁が藤本に面会を求めたためだと言う。野田首相の親書がもらえると期待した藤本は訪朝を遅らせ、松原との会談に臨んだ。しかし、親書はもらえず、訪朝の時期だけが遅れる結果となったのである。

この時の藤本の落胆ぶりは尋常ではなかった。金正恩は約束を何より大事にする、約束を破るのは金正恩を裏切ったことと同じだ、自分はもう二度と北朝鮮に入れないかもしれない……と。

また藤本は「大将同志の周囲には藤本のことを良く思わない幹部もいる。そうした人間は自分を大将同志に会わせたくないのだ」とも主張していた。

北朝鮮側の関係者は、藤本が金正恩と面会した際の写真を勝手にメディアに公開し、面会の模様を事細かに話したことが金正恩の怒りを買ったと話していた。藤本は金正恩を慕いながらも、同時に恐れおののいてもいた。この時、ビザなしで渡航を強行していたら、彼の身はどうなっていたかわからない。藤本は4年の冷却期間を経て16年4月に再訪朝し、再び金正恩に面会したが、その時のことは口を閉ざしている。

藤本の情報に頼らざるを得ない、というのも情報不足の故だ。取材が自由にできず、信ぴょう性を確認することが困難な北朝鮮。だから、玉石混交の情報が独り歩きすることになるのである。

指導者就任時に語っていた「理想の北朝鮮」

北朝鮮内部では後継者・金正恩について、どのように宣伝していたのか。09年に朝鮮労働党で作られた内部文書「尊敬する金正恩大将同志の偉大性教養資料」には金正恩に関して次のような記述がある。

▽金日成軍事総合大学で最初に砲兵から勉強し、砲兵に非常に明るい

・歩兵指揮官3年制と、研究院2年制を全科目最優等で卒業した

・現代軍事科学と技術に精通する
・思想理論活動を精力的に展開した
・06年12月24日、金日成軍事総合大学の卒業証書と記章を授与された
・この席で主体の先軍革命偉業を輝かしく引き継いでいくことを望んだ
▽創造的で奇抜な作戦地図を数多く作成した
・そこに祖国統一大戦の偉大な方略を明示した
・砲兵の正確性を保証するのに大きな役割を果たす
・正確度が高く、立体感がある

砲兵術に優れ、科学技術に精通し、作戦地図を作成した……などと、軍事能力の高さをことさら強調している。後継者の決定にあたっては、父・金正日の権力基盤であり、権力の源泉となっている軍の指示をまず得なければならない。軍に見限られたら後継者にはなれない、それが北朝鮮の現実だった。

12年4月に党、軍、国家の最高ポストに就任し、文字通り最高指導者となった金正恩は、金正日とは真逆の統治スタイルをアピールした。視察に訪れた先々で積極的に人民と触れ合い、若く親しみやすい指導者の姿を印象付けようとしたのである。新たに完成した倉田通りの高層アパートでは、妻の李雪主と共に引っ越ししたばかりの労働者の家庭をたずね、

一緒に食事をしたり、幼稚園を訪れ園児に囲まれたり……。祖父の金日成を意識してまねているとの指摘もあった。平壌の陵羅遊園地では、新たに誕生した絶叫マシーンに乗り込み大はしゃぎして見せ、注目を集めた。最高指導者と絶叫マシーンの組み合わせは、これまでの北朝鮮からは想像もつかないもので、斬新と言うしかなかった。

「改革派」「現実を直視する」「庶民派」……。最高指導者になって1年にも満たないころ金正恩には、海外の専門家を中心に肯定的な評価があった。金正日の時代は相次ぐ粛清によって国全体が萎縮したのに加え、国際的孤立によって経済難が慢性化。社会全体が暗く停滞の悪循環に陥っていた時期だ。

金正恩は在日朝鮮人だった女性を母親に持ち、欧州（スイス）への留学経験があり、外国から自国の荒廃ぶりを見てきた。若き金正恩に最高指導者が交代したのを機に、国際社会は「北朝鮮が変化しようとしている」と期待感を抱くようになり、北朝鮮内部にも「生活が良くなるかもしれない」という希望が芽生えていた。

金正恩は北朝鮮の救世主なのか……。

最高指導者になった当初、彼は夢を抱いていた。

取材の過程で、私は金正恩が指導部内で側近に語った「お言葉」の文書を数多く入手した。その中で彼は「理想の北朝鮮」を語っていた。

「お言葉」には、平壌国際空港ターミナル新設からインターネット導入、科学的な天気予報の採用など、北朝鮮の問題点を直視した政策が矢継ぎ早に打ち出されている。加えて、年長者への気配りを強調し、子供たちのために水遊び場をつくり、現代的な中学校を建設し、スポーツ用品を充実させよ、と指示している。外の世界を知る金正恩にとっては、北朝鮮を国際社会と比べて恥ずかしくないレベルに引き上げることが何よりも必要だった。遊園地やプール、スキー場など娯楽施設を次々と建設したのもそのためだったのだろう。最高指導者就任後の1年は経済関連の視察が軍の視察を上回っただけでなく、経済状況もやや改善し、金正恩人気が徐々に高まっていった。

5　血のつながった兄と妹

表に出る王女

どこの世界にも独裁者には信頼を寄せる側近がいる。金正恩にもそういう人がいるのかと見渡せば、すぐに目につくのが、彼女だ。

黎明通りの竣工式に出席した金与正（17年4月）

ファミリーで唯一、表舞台で金正恩を補佐している妹の金与正である。金正恩より3歳年下の1987年生まれと推定されている。

幼少期は兄と共にスイス・ベルンの公立学校に留学、バレエ教室にも通っていた。

2015年1月に金正恩の視察に同行した際には、左手の薬指に指輪をしていたのが確認された。お腹がふっくらした写真もあり、出産したのではないかと見られている。

しかし、情報はすべて断片的だ。

16年の党大会後の軍事パレードでは、ひな壇に金与正の姿を見かけた。金正恩に式次第のようなものを見せ説明する、金正恩に渡された花束を受け取る、付かず離れず金正恩の動静に気を配っている。ただ、彼女の動きを制止するものは誰もいず、自由に動き回っている印象を受けた。

最新の高層アパートが立ち並ぶ黎明通りの竣工式がその翌年4月に開かれた際にも、ひな壇で待ち受ける幹部の中に金与正がいた。セミロングの髪に髪留めをつけ、黒っぽいスカート姿にパンプス。北朝鮮の女性の正装とされる出で立ちだ。考えると公的な場に登場した彼女が、パンツスーツを着用しているのは見たことがない。金正日の葬儀の際も彼女はスカートに薄いストッキング姿で戸外の寒さに耐えていた。

この日も彼女は自由闊達に動き回っていた。周囲の幹部と笑顔で話したり、警備の兵士に声をかけ、携帯電話を預けたり。気さくな人柄なのだろう。しかし、金正恩がベンツで会場に乗り入れると、機敏に近寄り先導する。何の遠慮もなく金正恩に近づけるのは彼女しかいないのがわかる。

金与正の職位は、北朝鮮でプロパガンダを担当する党宣伝扇動部の副部長。兄のスケジュールや動線を全てチェックしていると言われている。さらに17年10月の党中央委員会第7期第2回総会で、党の指導方針を決める政治局員候補に抜擢された。

父・金正日も実妹の金慶喜を重用していた。金与正も兄に次ぐ実力者として存在感を増しているのは間違いない。独裁国家で信じられるのは自分の身内、中でも自分の地位を脅かす恐れが無いのは女性だからである。

兄と妹で独裁体制を維持する……。とても閉鎖的な世界だ。しかし、日本を見渡しても首相の「お友達」への優遇措置や官僚の「忖度」が目に付く。猜疑心に取りつかれた権力者と、権力にすり寄る勢力……どこの世界でもそこは同じようなものなのだろうか。

表に出ない兄

妹とは反対に、兄弟はライバルなのか。

公の場には出ない金正哲。ドイツ訪問はフジテレビがスクープした（06年６月）

06年、ワールドカップ開催で沸くドイツに、北朝鮮の青年がいた。

彼のお目当てはエリック・クラプトンのドイツ・コンサート。革ジャンにジーンズ、クラプトンのTシャツに身を包み、ポニーテールの可愛い彼女を連れていた。お供には年配の男性と壮年の男性２人、お手伝いさんのような女性が１人。コンサートを楽しむには不自然なメンバーで、否が応でも人目を引いた。

フランクフルト、シュトゥットガルト、そしてベルリン……。６月３〜７日に開催された４

回のコンサート。その全ての会場で彼らの姿が確認できた。

この青年こそ、金正恩の実兄、金正哲。

熱狂的なクラプトン・ファンで、飽きることなくコンサート会場に足を運んでいた。コンサートが始まると正哲はリズムに合わせて体を揺らし、時には立ち上がってステージに声援を送った。フィナーレにはVサインを掲げ、満足気にポーズを決めたり、隣に座る彼女に楽しそうに何事か話しかけていることもあった。どこにでもいるロック好きの若者と変わらない姿だった。常に場違いな年配の男性らがお供していることを除けば……。

コンサートの最終日は野外ステージだった。折を見て彼に声をかけてみた。

「どこから来たんですか？」

「WHY？」

金正哲は甲高くか細い声で聞き返してきた。その直後、隣にいた年配の男性が割って入り「香港から来たんですよ」と滔々《とうとう》としゃべり始める。金正哲はそれ以上口を開くことはなかった。

弟とは違い、気弱で内向的な性格であることが窺えた。

06年時点ではまだ、金正哲は後継の最有力候補と見られていた。お付きの者を引き連れ、高級ホテルに宿泊しながらコンサート三昧。北朝鮮の〝プリンス〟だからこそできる豪遊だった。

一方で後継者としての適性に疑問を感じさせる情報もあった。ドイツでのコンサートの前、金正哲はモスクワの病院に滞在、薬物治療を受けたと言われる。米国のバスケットボールリーグ・ＮＢＡの大ファンで、筋肉増強剤を過剰服用し、ホルモン異常に陥ったというのだ。彼女との交際に反対され自殺未遂を図ったこともあったため、父・金正日も腫れ物に触るように接していると言われていた。

金正恩の後継就任後、金正哲は公の場に一度も姿を現していない。弟の地位を脅かす存在ではないものの、自由な行動は許されず、事実上の軟禁状態に置かれているとの指摘もある。

北朝鮮では最高指導者と血がつながっている、ということは必ずしも安寧を意味するわけではないようだ。親族経営の会社でもよく後継争いがおきるが、独裁者は自分に代わる存在を許さないので、潰し合いにならざるを得ないのではないだろうか。

6　異母兄との確執

父に尽くした長男

「日本語わかりません！」

わかりませんと言いながら、日本語での質問に返ってきたのは日本語の答えだった。私は今も、彼の発したあの一言が忘れられない。私も多くの記者に交じって、北京空港で彼を追いかけ彼の肉声を耳にしていたからだ。

金正日の長男・金正男——17年2月、マレーシアで毒殺された。この非業の死に私は呆然とし、しばらくは「殺されたのは替え玉」「本人はどこかで生きている」という説に傾きたい、という気持ちにもなった。

正男は01年に成田に不法入国し、その存在が世界に晒された。

実はこの時、シンガポール政府から日本側に、正男が偽造旅券で入国するとの情報が事前に流されていたという。この情報を流したのは、正恩の母、コ・ヨンヒだとの説もあるが真偽のほどはわかっていない。いずれにせよ、正男はこの事件がきっかけで、後継レースから脱落した。

コ・ヨンヒは息子の正哲か正恩を後継者の座につけたいと、金正日の側近を巻き込んで画策を続けていたが、目的を果たせないまま04年に病気で亡くなった。また、金正日も元気な間は後継者を誰にするか明らかにすることはなかった。

金正男はマカオを拠点に、海外を自由に行き来してきた。

成田空港で強制退去処分を受け、航空機に向かう金正男（01年5月）

私も取材で正男を直撃したことがある。報道陣に囲まれもみくちゃにされながらも、「押さないで」「気をつけて」と周りに気を使っていた。声を荒げることもなかった。いきなりカメラを向けられたら、動揺し、取材を制止したりするのが普通だと思うが、金正男はいつも紳士的な態度を崩さなかった。受け答えにも北朝鮮らしからぬ国際感覚が感じられ、西側の常識が通じる人だったという印象が残っている。
金正日が08年に倒れた時、最高指導者不在・後継者未定の事態に北朝鮮上層部は激しく動揺し、義弟の張成沢が権限を代行する形で混乱は収拾された。この時から、正男は再び後継者として注目を集めることになり、異母弟・正恩との確執が始まった。

朝鮮半島消息筋を取材した当時の取材メモからは、後継選びの裏側が垣間見える。

・08年8月27日

「VIP（筆者注・金正日）が倒れた!!」

「この翌日、ドイツの心臓病専門医ヘッツァー（Hetzer）が脳神経専門医チームと共に北朝鮮を訪問した。これは麻痺が残った証拠だと言える。相当に深刻な状況でありえる、ということだ」

金正日が8月中旬に平壌で倒れ、脳卒中の疑いがあるという情報だった。もちろん北朝鮮は一切報じていない。しかし、前述したように9月9日の建国記念日に金正日が姿を現さなかったことで、健康不安説が急浮上した。

・08年9月×日

「来月21日午後2時フランスのセント・アンヌ病院で、正男が Roux Xavier（ザビエル・ルー）医師と面談する。23日パリ→北京、24日北京→平壌　医師2人が北京経由で平壌へ向かう」

この情報を元にフジテレビは病院から出てきた金正男を直撃した。この時、金正男はフランス語で「歯の治療に来ただけだ」と答え、父親の病気とは関係ないと否定した。しかし、翌日ルー医師はパリから経由地の北京へと向かい、高麗航空に搭乗し平壌へ飛んだ。正男が金正日の治療のために心臓専門医を招き、平壌に派遣したことが確認された。

・08年9月×日

「北朝鮮の権力が張成沢に全て移った状態。以後、安定したと見られる。キム・オク、軍部がみな張成沢を認定した。趙明録、玄哲海《ヒョンチョルヘ》、金鎰喆《キムイルチョル》ら軍部の核心も張成沢についた」

こうした内部情報はすぐには目に見えないが、後日、ある幹部の交通事故死という形で張成沢の権力掌握の一端が明らかになった。

張成沢には当時、有力なライバルがいた。党組織指導部副部長の李済剛《リジェガン》だ。彼はコ・ヨンヒに近く、金正恩の後ろ盾になっているといわれていた。

一方、正男は叔母の金慶喜・張成沢夫妻に可愛がられていて、正男派の張成沢と正恩派の李済剛という対立構図があると考えられていた。しかし、09年秋、張が権力を握り、その後、李済剛を自宅軟禁に追い込んだ。李は結局、10年6月の明け方に交通事故で死亡した。

この「交通事故」、北朝鮮では幹部がよく未明に交通事故で亡くなったと発表されるが、そんな時間に幹部が車で移動するのは不自然だ。そもそも車がそれ程多くないはずの北朝鮮で、なぜこうした事故が起きるのかも疑問が残る。実際は殺害されたとしても、確認しようがない。

張成沢が権力を掌握したことは、後継者選びにも大きく影響する。張と親しかった金正男が後継者となる可能性が再浮上したとの見方が出ていた。

この頃、金正男は北朝鮮と中国の間を行き来し、北京空港でしばしばメディアのインタビューに応じた。「後継者は誰になるのか」。そう聞かれるたび正男は「それは父親が決めることだ」と回答を避けた。また、自身の後継の可能性については、「政治には関心がない」と否定していた。

本当にそうだったのだろうか。08年末に、思いがけない情報が飛び込んできた。

・08年12月×日

「正男が北朝鮮に戻る。後継の座に就く覚悟を固めた。マカオの自宅を引き払い、親しい知人と大宴会を開いた。その席で正男は『北朝鮮を変えたい』と話していた」

父親の治療に献身的に尽くしたことで、金正日も長男の後継を認める気持ちになっていた。後ろ盾の張成沢からも北朝鮮に「戻ってこい」と言われ、正男は後継に意欲を示していたようだ。正男が平壌に帰る予定の日。私は北京空港内部の高麗航空搭乗口で正男が現れるのを待った。しかし、飛行機の搭乗が締め切られた後にも、彼の姿は確認できなかった。

弟の嫌がらせ

正男の身に何が起きていたのか。年明け早々、その答えが明らかになった。09年1月、朝鮮労働党内部で金正恩が後継に決定したとの通達が出されたのだった。正男の後見人とみられていた張成沢だが、若くて経験のない正恩の方が扱いやすいと見て、正男を切り捨てたのである。正男は正恩にとって権力継承の妨げになる「脇の枝」、つまり危険分子となった。金正日も異母弟の金平日《キムピョンイル》を海外に追いやっている。

正恩の後継指名を受けて、正男は平壌にいた家族（第1夫人との家族）全員を中国に出国させ、中国内の自宅住所も全て変えたといわれる。正男の側近たちも権力の中枢から追われた。本人も東南アジアを転々とする生活に。

正恩後継ならば、命の危険がある――正男が案じていたこの不安は現実のものとなった。後継者として権力掌握に乗り出した金正恩は次々に、正男への圧力を強めていった。

取材メモにはこうある。

・09年1月×日

「後継に三男が決まり、金正日の許可を得て張成沢が地方の党幹部に正式に通知した。この件で長男（正男）は終わった。なぜ張が裏切ったか。長男が怖かったからだ。張は自分が前面に出るより、自分の前に後継者を出したかった。軍の一部に張への反発があったし、正男には支持者がいるから怖かった。正恩は若いし基盤がまだないので、今の権力を維持しやすいと踏んだのではないか……」

正男は土壇場で張成沢の裏切りを知り、北朝鮮行きを取りやめたのだった。正男後継は幻に終わったのだ。

・09年1月×日

「後継が決まった際、正男が張成沢と父にメールした。父には『おめでとうございます』、張には皮肉っぽく『平壌に戻っても安全が確保されるのか？』だった」

このメールに張がどう答えたのかはわからないが、この後も正男の北朝鮮への行き来は続いている。

正男は1月20日夜、平壌に戻って金正日に会ったとされる。少なくとも父親の存命中は、北朝鮮での自身の身の安全は保障されると考えていたのだろう。

・09年5月×日

「正男の平壌の自宅が捜索された。正男は正恩に『そんなことはするな』という趣旨の手紙を書き、ファクスで送った。表題には『一度も顔を見たことのない弟へ』と記されていた」

母親の違う2人は、全く別々に育ち、直接会うことはなかったと見られる。顔を合わせることないまま、弟は兄への憎しみを募らせていったようだ。

そして、11年12月17日、金正日が死去。正恩の圧力はさらに強まっていった。

正男は正恩に手紙を送り、懇願した。

「私と家族を助けてほしい」

「逃げ場も隠れ場もない。逃げ道は自殺だけだ」

それでも正恩は正男を敵視し続けた。

「嫌いだ。除去せよ」。こう北朝鮮の工作機関に命じたといわれる。

それから数年後、正男はクアラルンプールの空港で命を落とした。

数秒の犯行

暗殺劇は公衆の面前で繰り広げられた。空港の防犯カメラに映し出された犯行の瞬間は、世界に衝撃を与えた。

クアラルンプール国際空港3階の出発ロビー。

右から白っぽいジャケットにジーンズ姿の正男が現れ、中央の奥にある自動チェックイン機のほうへ歩いていく。すると、奥のほうから2人の女が近づいてくる。インドネシア人のアイシャ容疑者が前から、ベトナム人のフォン容疑者が背後から飛び掛かり、正男の顔に薬品を塗りつけた。たった数秒で犯行は終了。両容疑者はすぐ、足早に立ち去っていった。周囲に多くの人がいたにもかかわらず、誰も気づく様子がない。

正男は警備担当者に身振り手振りで顔に何かかけられたと説明し、「痛い、痛い」と訴えていたと言う。空港のクリニックに向かっているうち、足取りがふらつき、椅子に座ったのち、崩れ落ちた。この後、病院に搬送中、命を落としたのだった。

事件では女2人が逮捕された。2人は「いたずらビデオの撮影と思った」と供述し、殺意を否認しているが、マレーシア警察は「毒物と知っていた」と見ている。女2人に犯行を持ち掛けた北朝鮮籍の男4人は、事件直後に出国して平壌に。マレーシア国内に留まった在マレーシア北朝鮮大使館の2等書記官と高麗航空の職員らも関与が疑われ、マレーシア当局が引き渡しを要求した。しかし、北朝鮮で出国禁止となったマレーシア大使館職員の解放と引き換えに国外退去となった。結局、北朝鮮当局の関与には捜査の手が伸びず、事件は多くの謎を残したまま闇へと葬りさられようとしている。

金正男はなぜこのタイミングで、こうした形で殺されなければならなかったのか……。だれが殺害を指示したのか、その証拠は一切ない。しかし、正男暗殺をめぐる大きな背景に、兄弟の確執があるのは間違いないようだ。

正男は金日成の血を引く「白頭山革命家系」の一員だ。神格化された一族の直系なので「最高指導者」の指示が無ければ、実行機関が勝手に手を出すことは不可能だ。北朝鮮の犯行とすれば、最高指導者、つまり正恩の指示があったと考えるべきである。

今回の正男暗殺は、北朝鮮の工作活動の実行部隊である朝鮮人民軍傘下の偵察総局が担当したと見られる。工作活動では毒薬から爆破まで手段は選ばない。徹底的に訓練された要員が時間、人手、手間をかけて作戦を練り上げ、現地に協力者などの人脈も構築する。証拠隠滅を徹底させ、容疑者が自殺する例もある。

今回も正男の動向を長期間確認し、実行の方法や逃走経路などを確保した上で逃亡するなど周到に準備したと見られる部分と、あえて監視カメラの多い空港で犯行に及び、北朝鮮の関与を見せつけているような部分もあった。偵察総局の関与を可視化しなければならないような内部事情があったのかもしれない。

確かなことは、どんなに関与が濃厚になったとしても、北朝鮮が自分たちの犯行だと認めることは100%ない。大使館はもちろん、北朝鮮の工作機関には女性工作員や脱北者を装った2重スパイもいる。実行犯の女に近づいたジェームズと名乗る男や、貿易商を装ってマレーシアに出入りしていた男は言葉巧みにターゲットの女性らに近づき、本人も気づかない間に工作活動の協力者に仕立て上げていったのである。

一連の殺害劇を、私は金正男とその家族に対する「見せしめ」だと強く感じた。同時にその背景にある金正恩の正男に対する憎しみの深さに戦慄を覚えた。それだけではない。正男暗殺の背後には、秘密資金や、情報機関との接触など底知れぬ闇が広がっている。北朝鮮をワイドショー的に扱えば、視聴率は取れるが、そこばかり強調されると見えなくなるものがある。金正恩については「幼稚」「冒険的、挑戦的な性格」などの評価が先に立つが、そうレッテルを貼って安心してしまうことこそ危険だ——テレビ制作者として北朝鮮に対する先入観や思い込みは捨てなければいけない、そう自戒している。

7　金正恩の〝おい〟

正男の息子

金正男の家族の全容も、父・金正日と同様、よくわかっていない。ただ暗殺事件後、にわかに注目を浴びたのが息子のハンソルだった。金正恩にとっては甥にあたり、彼もまた白頭山革命家系の一員に含まれる。

17年2月に金正男がマレーシアで殺害された後、「次の標的」となる恐れがあったのがハンソルだった。留学先のフランスからマカオに戻った後、安否がしばらく不明だったが、3月8日に本人と見られる男性の映像が公開された。

「私の名前はキム・ハンソルです。北朝鮮出身で金一族の一員です。父は数日前に殺害されました。今は母と妹と一緒にいます。私たちは×××にとても感謝しています。この状況が一刻も早く改善されることを願っています」

北朝鮮のパスポートを見せながら、英語で「私の名前はキム・ハンソル」だと名乗り、北朝鮮の「キム一族の一員だ」「私の父は数日前に殺された」と語っていた。男性が示したパスポートの一部は加工され、脱出に関連する箇所は、音声が消去されていた。映像は脱北者支援団体「千里馬民防衛」を名乗る組織がホームページで公開したものだ。団体は「家族から助けが必要だと要請が来た。彼らを安全な場所に移動させた」とし、家族の行方や、脱出の過程については、公にできないとした。

その後、米紙ウォール・ストリート・ジャーナル（電子版）が「千里馬民防衛」関係者に取材し、10月になってハンソルの状況について伝えた。正男殺害後間もなく、ハンソルら家族は直接、この団体に連絡。これを受けて、同団体は幾つかの政府に支援を要請し、米国、中国、オランダ、さらに匿名の一カ国が脱出を手助けしたと明かした。ただ、カナダなど一部政府は支援を拒否したという。その理由は、北朝鮮で拘束されていたカナダ人牧師の解放をめぐる交渉があったためだとも言われている。どうやら、千里馬民防衛はハンソルらを居住地のマカオから台北に向かわせたようだ。最終目的地への渡航やビザ確認のため、台北の空港で30時間過ごし、その後、「安全な場所」に脱出させたと見られている。

ハンソル直撃

11年夏、フジテレビのクルーは、ハンソルが北京のボスニア・ヘルツェゴビナ大使館にビザの手続きに訪れたところをキャッチし、インタビューを試みた。

茶髪に眼鏡、ポロシャツ姿の少年。朝鮮語で問いかけると、英語で答えが返ってきた。

――インタビューちょっとお願いできますか？

「ノーコメント」

――なぜボスニアに行くんですか？

「勉強のためです。それだけが目的です」

――なぜボスニア？

「私の見つけた学校がボスニアにあるからです」

ハンソルは流暢な英語だった。父親・正男について尋ねた。

――あなたのお父さんは金正男さんですか？

「ごめんなさい、ノーコメントです」

笑顔は見せるものの、やんわりと答えを避けた。

耳にはピアス、ネックレスの重ね付けに指輪をしていて、一見、韓国の若者のような装いだった。

当時、北朝鮮の核問題をめぐる6カ国協議に再開の動きが出ていたので、そのことについても尋ねた。

「6カ国協議？　何も知りません。ノーコメント」

やはり政治の話は避けた。

――お父さんについてノーコメントなら、おじいさん（金正日）については？

「ごめんなさい」

やはりノーコメントだった。質問を変えてみた。

――普段はどこに住んでいますか？

「マカオに住んでいます」

――マカオのどこ？

「私のプライバシーを尊重してください」

――お父さんと一緒ですか？

「ノーコメントです。ごめんなさい」

父親の金正男ゆずりの笑顔。受け答えの仕方も丁寧で父親にそっくりだ。

――何歳ですか？

「16歳です」

――何語ができるんですか？

「英語、朝鮮語、中国語」

――朝鮮語でしゃべれますか？

「ごめんなさい、ノーインタビュー」

中国語で尋ねてみると……。

「不能説（何も話せません）」

結局、母国語の朝鮮語では決してしゃべろうとしなかった。

ハンソルは1995年、平壌で生まれ、マカオで育った。2011年にボスニア・ヘルツェゴビナの国際学校に留学し、その後、エリート校のパリ政治学院を卒業した。

ハンソルの単独インタビューはもちろん初めてで、立派なスクープだったが、実はこのインタビューはすぐには放映できなかった。今だから言うが、金正男本人からフジテレビ側に「放送しないでほしい」と要請があったのだ。金正男は家族の姿がメディアに晒されることを極度に警戒していた。注目を集めることで家族の安全が脅かされると考えていたようだ。メディアは息子ハンソルの動向を追ったが、その後は学校側に阻まれ取材は打ち切られた。

金正日死去後の12年10月に、ハンソルはフィンランドのテレビ取材に応じた。金正恩が正男ファミリーに執拗な嫌がらせを続けていたころだ。内容には叔父の治める北朝鮮への批判が込められていた。間違いなく父の許可を得ていたはずだ。

「父（金正男）は政治に関心がなかった」

「祖父（金正日）と叔父（金正恩）には会ったことがないので、叔父がどのようにdictator（独裁者）になったのかわからない」

「いつかは（北）朝鮮に戻って、人々の暮らしを楽にしたいという夢があります。また南北の統一という夢を持っています」

金正恩を独裁者と呼び、北朝鮮に戻って人々を助けたいと語ったのだ。若者らしく理想を語り、理知的に受け答えをする様子には、指導者としての資質を十分に感じさせるものがあった。金正恩に狙われるのではないかと心配になるぐらいに……。

ハンソルは今、どこにいるのか。

団体が感謝を示した4カ国のうち匿名の1カ国か、米国、もしくはオランダにいるのではとの見方が有力だ。また、ハンソルはフランスに留学し、13年12月に張成沢が粛清された後はフランスで保護下にあったことから、フランスの可能性もある。いずれにせよ北朝鮮とは外交関係のない国に身を隠している可能性が高いと見られる。

ハンソルの運命……。

独裁者の家系に生まれ、継承の順位は別として〝白頭山革命家系〟という金日成直系の血筋として位置付けられている。父・金正男もその血筋ゆえに身の危険を感じ各地を転々としていた。もし、正男の身に何かあったら家族はどうやって身を守ればいいのか。生前の正男と息子の間でそんなやり取りがなされていたとしても不思議ではない。

自らの手で変えることはできない運命の下に生まれ、父と同じジレンマをハンソルも抱えていたのではなかったのか。白頭山革命家系という金一族が作り上げた神話のくびき。

一方の金正恩もその同じ運命を背負い、もがき続けていると思えてならない。

8　張粛清と恐怖政治の始まり

電撃解任

張成沢という名前、それまで、一般にはあまりなじみのない名前だったかもしれない。しかし私たち北朝鮮ウォッチャーの間では、プレイボーイで、白頭山の血統ではないもののロイヤルファミリーの一員に数えられる有名人だった。

金正恩が〝慈愛に満ちた指導者〟像をかなぐり捨てたのは、叔父・張成沢の粛清が契機となっている。金正日の死後、後見人として自らを支えてきた叔父を、処刑に追い込んだ金正恩の政治手法は、国際社会を震撼させた。

朝鮮労働党は13年12月８日、金正恩の主宰で党中央委員会政治局拡大会議を開催し、「張成沢を全ての職務から解任して一切の称号を剝奪し、我が党から出党・除名させる」ことを電撃決定した。併せて、政治局拡大会議の席上、張が国家安全保衛部（現・国家保衛省）に連行される写真2枚を見せしめ的に公開した。そこには秘密警察に両腕を取られ、うなだれる張の姿があった。公衆の面前で失脚させられる決定的な瞬間を捉えた写真は、内外に張の失脚を強く印象付けた。

決定文には張の罪状がこれでもかと列挙されている。

「張成沢一味」が金正恩を唯一領導とする党の体制に背く「反党・反革命的宗派行為」を犯し、強盛国家建設と人民生活向上に「莫大な害毒を及ぼす反国家的・反人民的犯罪行為を働いた」。

張の罪は大きく①反党反革命的宗派行為、②国の経済事業の妨害、③腐敗堕落行為の三つに分けられる。

- 党内に分派を形成し、党中央委員会や傘下の部署に側近を送り込み、勢力を広げ、地盤を築こうとした。
- 党の方針を公然と覆した挙げ句、朝鮮人民軍最高司令官の命令に従わない反革命行為に出た。
- 張が管轄する司法・検察・人民保安機関で党の指導を弱化させ重大な害毒を及ぼし、党行政部長の職権を悪用した。

要するに、金正恩に対抗する勢力を作り、彼の命令に従わず、彼の指示を妨害したとして断罪されたのである。放置すれば自身の権力を脅かすと感じた金正恩による熾烈《しれつ》な権力闘争だった。

経済面では、張とその周辺が内閣など経済指導機関の働きを妨害したと批判している。国の経済発展と人民生活向上に重要な部門を握り、「国の貴重な資源を安値で売り払う売国行為」を働いたと主張した。張が外貨獲得事業を独占し、中国との貿易で北朝鮮の鉱物資源を不当に廉価で売買したと非難するもので、利権争いも粛清の大きな要因となっていたことがわかる。

また、張の病歴や生活面での腐敗堕落も次々に暴露している。「複数の女性と不当な関係を持って高級食堂の裏部屋で酒遊びや飲み食いをしてきた」「思想的に病気になり麻薬を使った」「外貨を蕩尽し賭博場を訪ね歩いた」と事例を細かく列挙したのも異例中の異例だ。北朝鮮では幹部解任の理由は明らかにされないのが通例だった。

叔父に死刑判決

「万古の逆賊である張成沢を革命の名において、人民の名において厳しく断罪、糾弾し、共和国刑法第60条に基づき死刑に処する者との判決を下した」

万古の逆賊……。なんというアナクロな言い回しだろうか。大河ドラマか、はたまた韓流時代劇か、21世紀にはそぐわない大仰な表現が目を引く。

北朝鮮・国家安全保衛部特別軍事裁判所は13年12月12日、張成沢の審理を実施し、金正恩をクーデターの対象にした国家転覆陰謀行為を企てたとして死刑判決を下した。解任決定からわずか4日後、死刑は即日執行された。判決文の内容を総合すると、張は金正恩の後継に不満を抱き、金正日の死後は政権奪取のために、党、軍、経済機関などに次々と派閥を作り、金正恩の政権基盤を弱体化させようと試みたとしている。また、中国への地下資源の売却や、羅先経済特区での新埠頭使用権付与などに対する批判に加え、09年の通貨ウォンのデノミネーション（通貨呼称単位の変更）による混乱についても、失敗の責任は全て張にあると主張した。

張は審理の中で、「私は軍隊と人民に、国の経済実態と人民生活の破局が広がっているにもかかわらず、現政権が何の対策も講じることができないという不満を抱かせようと試みた」と認めた。また、クーデターの対象は「最高指導者同志だ」とし、金正恩に対する武装クーデターの企てを「さらけだした」とされている。クーデターにあたっては人脈のある軍幹部に加え、党行政部第一副部長の李《リ》竜《リョン》河《ハ》ら行政部の腹心、人民保安機関担当者らを動員することを計画。「経済が完全に落ち込み、国家が崩壊直前に至れば」、権限を内閣に集中させて自分が「総理になろうとした」。判決文は張成沢の犯行は「審議過程で100%立証」されたと強調している。

北朝鮮の3代世襲の歴史は粛清を抜きに語れない。金日成は朝鮮戦争休戦の直後から次々に政敵を粛清。1955年には南労（南朝鮮労働党）派の朴憲永《パクコニョン》をスパイ罪で処刑。56年にはソ連のスターリン批判を受けて国内で金日成批判をした「中国派」、「ソ連派」を粛清した。金正日も70年代に金日成の弟で叔父の金英柱《キムヨンジュ》と激しい権力闘争を展開。金正日が後継の地位を固めると、金英柱は地方に追放された。北朝鮮は張の解任を、金日成・金正日時代の粛清と同様、「党の唯一領導体系を確立する過程で起きた避けられない闘争」と位置付け、正当化している。ただ、過去には親族を処刑することはなかった。

「自らに逆らうものは叔父であっても容赦しない」

金正恩は、親族ですらためらうことなく極刑に処し、冷酷さを剥きだしにした。そしてこれ以降、過去2代の指導者以上に〝恐怖政治〟による体制強化に傾斜していった。張の処刑に伴い、叔母の金慶喜も表舞台から姿を消し、北朝鮮内部に金正恩に表立って反論したり、意見したりできる人物は存在しなくなった。自分の意に沿わない人物は躊躇うことなく粛清し、ナンバー2を絶対に作らせない。張成沢粛清は独裁者・金正恩誕生の出発点となった。

140人を粛清

張成沢処刑に伴い、粛清の大波は「張一派」へと波及した。

韓国の脱北者組織は元北朝鮮高位幹部らの証言から、張の側近だった党の幹部約415人、傘下機関の幹部約300人、人民保安省幹部約200人が公開銃殺されたと発表した。家族ら関係者も含めると粛清されたのは2万人に上るとの見方も示した。

張をめぐる一連の粛清以外にも、大物幹部への処分が相次いだ。

・2012年7月　李英鎬（朝鮮人民軍総参謀長）
・15年1月　チョ・ヨンナム（国家計画委員会副委員長）＝正恩に異見（銃殺）
・15年1月　辺仁善（総参謀部作戦局長）＝正恩の命令に不服従（銃殺）
・15年4月　玄永哲（人民武力部長）＝居眠り（高射機関銃で銃殺）
・15年5月　崔英健（副首相）＝金正恩の山林政策に不満（銃殺）
・16年7月　金勇達（副首相）＝会議で姿勢が悪い（銃殺）

李英鎬《リヨンホ》は金正日時代からの側近で、軍の実力者だった。しかし、金正恩の時代になり、突如、解任された。金正恩が着手した軍の統制強化に非協力的だったためと見られているが、理由は明らかにされていない。金正恩は軍トップを頻繁に入れ替えている。それだけ軍に対する警戒感が強く、ナンバー2を作らないように神経を尖らせているのがわかる。通常、北朝鮮では粛清理由が公にされることはほとんどない。張成沢があくまで例外なのだ。

幹部の解任は当人が出るべきはずの行事に出てこず、当人の職位に別の人の名前が読み上げられることで明らかになるケースがほとんどだ。

粛清の理由も多岐にわたる。金正恩の指示に従わず不満を漏らしたとか、異なる意見を言っただけでも処刑されてしまう。日本の防衛相にあたる重要閣僚の人民武力部長、玄《ヒョン》永哲《ヨンチョル》は「居眠り」、副首相の金勇達《キムヨンダル》は「姿勢が悪い」というだけで銃殺されてしまった。

17年には秘密警察にあたる国家保衛省のトップ・金元弘《キムウオンホン》が大将から少将へ格下げされた後、国家保衛相を解任された。金正恩の側近として恐怖政治を推し進めてきた側近さえも、更迭の対象とされたのである。韓国情報では、保衛省の人権蹂躙行為、つまり調査対象者を拷問したり暴行を加えたりして死亡させる事件が頻発し、金正恩が激怒した、という背景もあるという。もちろん、越権・不正腐敗に手を染めていたという話もあるのだが。

金元弘の失脚が明らかになる直前、我々ウォッチャーが注目していた金正恩の言葉がある。17年の新年の辞に盛り込まれていたものだ。

「いつも気持ちだけで能力が追いついていかない無念さと自責の中で1年を送った」

自己反省とも取れる異例の発言だ。実は、これが幹部粛清の予告だったという見方が浮上していた。どういうことか。

そもそも、北朝鮮住民の間で金正恩の「無能」発言を額面通り捉える人はいない。神格化され、すべてにおいて「万能」な金正恩が「思うようにいかない」と嘆いている――ならば、すなわち周囲に責任があるということだ。つまり、金正恩を満足させるだけの働きができない無能な幹部に対する警告だったと言えるわけだ。

金正恩指導部の幹部たちは恐怖政治に怯える。生き残りのため、忠誠競争を激化させる一方、政敵の粗捜し、密告に精を出す。それがさらなる恐怖政治を生む。

第2章

軌道に乗れない「Jong-Un's Dream」

高層マンションが立ち並ぶ黎明通りの「ピョン・ハッタン」（17年4月）

1　夢の摩天楼「ピョン・ハッタン」

「敵の脳天に下した歴史的勝利」

平壌に巨大ビル群がある。

それは、党大会が開かれた4・25文化会館の前の十字路から、金日成・金正日の遺体が安置されている錦繡山太陽宮殿に続く通りにある。

ノートを作っても不揃いになる国が、果たしてこんな高層ビルを作って大丈夫なのか？　この「黎明通り」にそびえ立つビルを見た時、私の頭にまず浮かんだのは「ハリボテなんじゃないか？」という疑問だった。

そのビルの完成式典が開かれた時のこと——。

２０１７年４月15日、金日成生誕１０５周年を迎え、大規模なセレモニーが開かれた。

軍事パレードではアメリカ本土を狙う大陸間弾道ミサイル（ＩＣＢＭ）を含め、新型と見られるミサイルが登場した。また、潜水艦発射弾道ミサイルなど兵器の多様化も誇示し、軍事力の向上を見せつけた。翌日には西部の新浦から中距離弾道ミサイル１発を発射したが、失敗。アメリカは武力行使も排除しない姿勢を示し、神経戦が続いた。

軍事力だけではない。実はもう一つ、北朝鮮が世界に向けてアピールしたいものがあった。取材班が向かった先は……。

道の両側に大勢の人。民族衣装のチマ・チョゴリを着た女性や、スーツ姿の男性が歩いている。手には花飾りを持っている人もいる。何かの行事があるようだ。

会場周辺へ向かう手前500メートルぐらいのあたりから、あらゆる路地に自動小銃を持った兵士が立っていたり、近くのビルには屋上に監視をする人の姿があったり、厳重な警備が敷かれていた。

車が停止した場所には、北朝鮮の旗などがあしらわれたアドバルーンが上げられ、拡声器を付けた宣伝カーの姿もある。周囲からおびただしい数の軍人が続々と集まり始める。風船を持った女子学生や一般住民らが、四方八方から広場を目指してどんどん集まってきていた。

赤い絨毯が敷かれた演台の周囲には、テレビカメラもスタンバイしている。カーペットに掃除機をかける人の姿も見える。いったい誰が来るのだろうか。どれだけ案内人に聞いても返事がない。最後の最後までわからなかった。

しかし、すでに集まっていた幹部の中にヒントがあった。

髪留めをつけ、幹部らと会話を交わす女性。金与正だった。

突然、兵士の下に走り寄った。手にしているのは携帯だろうか？　何かを預けるしぐさだ。金与正は笑顔で頼むようなそぶりを見せる。幹部らの中でもごく自然な身のこなしが際立っていた。

マンセー（万歳）！　マンセー！　住民たちの熱狂的な声が鳴り響く。車から姿を現したのは、金正恩だった。

ここは金正恩の肝いりで建設された黎明《リョミョン》通り。この日を目指して工事が急ピッチで進められていた高層ビル群が完成したのだ。

花束を受け取る金正恩の後ろには金与正がぴったり付き添っている。

金正恩は車から降りて少し、指導部のメンバーと会話した後、登壇した。指導部のメンバーとしゃべっている時は、笑顔なども出て鷹揚《おうよう》に振る舞っている印象だったが、壇上に上がってからは一転、厳しい表情を続けたのである。住民に威厳を見せようとしているのか、それとも機嫌が悪いのか……。この日の金正恩はストライプの入った人民服姿。青い縁の眼鏡でオシャレに決めていた。

同僚が１００メートルの距離から金正恩を見ていた。印象を聞いてみた。

「正直に言うと体がでかいなというふうに思いましたね。テレビで見ているよりも体のサ

イズ、身長はさほど高くない印象でしたけど、体のサイズが大きいというのが衝撃的でした」（北京支局・岩月謙幸記者）

式典では首相の朴奉珠《パクボンジュ》が演説した。

「労働党の記念碑として勇壮華麗にそびえ立つ黎明通りの竣工式を迎えた。……黎明通りの建設は、数百発の核爆弾を落とすより恐ろしい鉄槌を敵の脳天に下した歴史的勝利だ」

黎明通りには核爆弾以上の威力があると成果を誇示した。金正恩体制の下、北朝鮮が繁栄していることを内外に示す、それがこの黎明通りなのだ。

北朝鮮は本当にその能力がなくても、あるかのように誇示することがよくある。高層ビルの摩天楼ができたからといって、その中身はアメリカや日本並みの機能を兼ね備えたものとはとても思えない。

北朝鮮が主張することは、客観的に検証ができないことがほとんどだ。だから、私たちウォッチャーは限られた取材機会に最大限情報を収集し、細部から全体を読み解いていくしかないのである。

合言葉は「万里馬」

黎明通りは、金正恩の命令で16年4月に建設が始まった。咸鏡北道の台風被害の復旧を優先して工事が一時中断したが、その後、17年4月15日までの完成を目指して急ピッチで建設が進んだ。

黎明通りには、70階建ての高層マンションを含む40数棟の建物が通りの両側に立ち並ぶ。完成後、直ちに住民や軍人に開放され、大勢の人が通りを歩く姿が見られた。各ビルは近代的なデザインを装う。見学の人たちは見慣れないデザインのビルをまぶしそうに見上げていた。軍人が隊列を組み、合唱しながら通りを闊歩していく。

この通りは、大量の軍人・住民らが動員され、わずか1年で完成させたといわれる。

北朝鮮のテレビで、マンションの一室が紹介されていた。淡い緑と白に塗り分けられたダイニング、広々としたリビング、ベッドの置かれた寝室。一帯にはショッピングモールや学校なども完備されている。金正恩の指示で省エネ設備や、屋上を緑化する環境建築を取り入れたという。

金正恩は核・ミサイル開発と経済建設の並進路線を掲げ、経済制裁下でもその方針は一切変わっていない。黎明通りはその象徴として、海外メディアに公開されたのだ。

香港や上海にあるようなモダンなビル群を見て、アメリカ・ニューヨークのマンハッタンをもじって「ピョン・ハッタン」と呼ぶ人もいる。

この前年、北朝鮮は「未来科学者通り」という、これもやはり高層アパート街を作った。

それと比べて黎明通りはかなり規模が大きく、1年でこれを作るというのは信じられないというか、普通は不可能だろう。

しかし、不可能を無理やりにでも可能にするのが金正恩流である。

北朝鮮では、建設現場は戦場にたとえられ、大量動員された軍人たちが昼夜を問わず工事する。このため、日本での常識では考えられない速さで建設が進む。北朝鮮では、これまでスピードを表す言葉として「千里馬」というものがあった。金正恩時代になって、この速度を上回るという意味を込めて「万里馬」が合言葉に使われるようになった。この「万里馬」をスローガンに突貫工事を進めた結果、黎明通りのシンボルとなる最高層70階建てのマンションは、わずか70日で完成したというのだ。

経済制裁の中でも自力でこれだけのことができる——金正恩は北朝鮮の意地を内外に見せつけたかったのだろう。

ただ、相当無理をしているのは間違いない。貿易収入の大半を占めていた中国への石炭輸出が、17年2月に止められた。このほかにも、核・ミサイル開発に伴う国際社会の圧力が高まり、この状況が続けば北朝鮮がさらに苦境に陥るのは目に見えている。

内情がどんなに苦しくても弱音は絶対に吐けない。金正恩の仏頂面はそのことを物語っているように私には映る。

2　その新ターミナル、本当に手作りだった

まさかの専用機

決して隠されたものを発見した、というわけではない。それでも、その時、私は「これが金正恩のこだわりアイテムの一つかぁ」と妙に納得したのを覚えている。彼にとって大切なものとは……。

14年6月、私は中国・北京から平壌の空港に到着した。乗ったのは北朝鮮の高麗航空機。乗客は直接、滑走路へ降りて、空港に入った。平壌国際空港では第一ターミナルの横に第2ターミナルが建設中だった。最上階や屋根の部分で作業し、クレーンも使われていた。その3カ月後に訪問した際には、ターミナルの反対側で飛行機を降り、バスに乗り込んだ。

滑走路の拡張工事が進み、ターミナル前に飛行機が着陸できなくなっていたのだ。舗装の状態が悪くガタガタゆれる移動の最中、気になるモノを発見した、それは——。なんと、金正恩の専用機だった。

国内の視察でも使われる金正恩の専用機（14年9月）

白い機体の胴体部分には北朝鮮の旗と「朝鮮民主主義人民共和国」の文字。また、尾翼には赤い円の中に赤い星のマークが見えた。金正恩の専用を意味する「1号機」を象徴するマークである。

私はこのこだわりアイテムを目に焼き付けた。そして、第2ターミナルの建設現場に目をやった。

広大な滑走路の前で、作業員らはしゃがみ込んで黙々と作業をしていた。手作業で滑走路をならしている。これぞ、北朝鮮がスローガンに掲げる「自力更生」を地で行くものだ。ターミナルの前には重機が置かれ、舗装作業が進められていた。赤い旗やスローガンを掲げて工事の士気を鼓舞するのが北朝鮮流だ。機材には英語の表記があり外国製のようだ。ブルドーザーは故障なのか、作業員はなぜかスコップで土を積み込んでいた。

その他の機械も動いているのはわずか。やはり手作業が中心だ。作りかけの滑走路をかがんで見ると、路面が

手作業で進められる平壌空港のターミナル拡張工事（14年9月）

波打つように歪《ゆが》んでいた。第二ターミナルの入り口付近では、建設材として木材が使われているのが目立つ。工事にはここでも軍人が多数動員され、女性兵士の姿も見られた。

電力が不足し、空港内でも時々停電があった。スローガンの中にも「節約」の文字が見られ、資材や燃料を無駄にしないように気を使っているようだ。

ターミナルの中の待合室に入る。

多くのお客さんが飛行機の出発を待っていた。電光掲示板には出国の飛行機が表示される。上海、北京など中国への定期便に加えて、国内便や特別機も混じっていた。このころ、韓国でアジア大会が開催中だったため、ソウルの仁川空港へも便が出ていた。

待合室で目を引いたのは、やはり高麗航空の客室乗務員だった。

紺に白のラインが入ったジャケット、ノースリーブのワンピース、リボンの付いたハイヒールに帽子、お揃いのバッグ——結構なミニスカート、なかなかオシャレである。以前は赤いワンピースの制服だったが、それがリニューアルされた。

彼女らの制服をみて、私は直感した。間違いなく、金正恩の妻、李雪主のスタイルの影響を受けている、と。

李雪主は金正恩の視察に同行するときはタイトスカートにパンプス、と常に女性らしいスタイルで登場し、北朝鮮のファッションリーダーと言える存在だ。客室乗務員の制服も、ファーストレディーのスタイルに合わせてリニューアルされたというのは、想像に難くない。

高麗航空の定期便は週4〜5回程度（冬季は週2〜3回）、北京—平壌間を結ぶ。1時間ちょっとの飛行時間の間に機内食が出される。ハンバーガー風のパンと、飲料は北朝鮮製の梨ジュースや大同江ビール、インスタントコーヒーなどの中から選べる。

手元に高麗航空の地方便の搭乗券がある。

平壌から北朝鮮北部の漁浪（咸鏡北道）行き。表には、フライトナンバーが手書きされ、日付とハンコが押してあるだけ。ゲートのナンバーや座席の表示はない。裏には、北朝鮮の聖地・白頭山と主体思想塔の絵が描かれている。もう1枚、「一般座席表」という紙が渡された。「ここに座席番号が書いてあるのだな」と思ったのもつかの間、この便にはシート番号がなく、全て自由席だった。この「一般座席表」がなぜ存在するのか謎だ。ともあれ、この地方航空券、なかなかのレアものと言えよう。

これまで地方便はチャーター機が主だったが、14年の春から週2日、漁浪行きの定期便が運航し始めた。プロペラ機だが、50人ほどが搭乗できる。北朝鮮も国内の移動に飛行機を使う時代になりつつあるようだ。

飛行機好き

金正恩の父、金正日は海外に行く時も列車で通した。「金正日が訪中する」という一報が入れば、北京駐在のメディアは我先にと、中朝国境の丹東(遼寧省)に陣取ることになる。特別仕様の「将軍列車」を追いかけ、毎回必死に行く先を割り出し、何とか金正日の映像を撮ろうと要所要所で張り番していたのが記憶に残っている。

一方、金正恩は国内の視察に列車ではなく専用機をよく使っている。

印象的だったのは、15年2月に朝鮮中央テレビが放映した、金正恩が専用機に乗り込む場面だ。

専用機が向かったのは平壌中心部に建設中の住宅工事の現場。専用機を使った平壌の視察が報じられるのは初めてだった。窓から工事の現場を確認する金正恩。手元には図面のようなものが置かれ、機内の壁やシートには、星をかたどった専用のマークが付いているのが確認できた。

機内はかなり豪華だ。

重厚な木の机に、革張りの椅子。ヘビースモーカーの金正恩のためにクリスタルの灰皿も置かれていた。この日の報道は金正恩が上空から住宅工事の進み具合を確認し、「大満足を示された」と伝えた。

変貌する平壌の姿を眺めながら、このような速度で建設を進めれば、平壌は世界に誇れる都市になる日も近い――金正恩はこう話したという。

別の映像では、飛行機の操縦席に座り、真剣な表情で書類に目を通す金正恩がいた。書類を脇に置くと今度は、操縦桿を握る。滑走路を前に飛行機は、離陸の準備に入る。金正恩の隣には、副操縦士だろうか、もう1人のパイロットが座り、操縦を補佐していた。金正恩が握る操縦レバーの横に、手を添えている。離陸に向けてスピードを加速し、飛行機が飛び立つ。

北朝鮮の最高指導者が飛行機を実際に操縦する映像が公開されたのはもちろん初めてだ。なぜ自ら飛行機を操縦して見せたのか……。

「パイロットらが訓練のたびに危険な思いをし、家族たちも心配しているのだから、自分も実際に飛行機を操縦しなければならない」

金正恩は自ら操縦した理由を、こう説明した。

こうして初飛行は実現した。飛行機はどんどん高度を上げる。金正恩が操縦を続ける。時折、隣のパイロットの方に目をやる。前方を手で示し、計器を確認するようなしぐさを見せる。取り巻きの幹部たちは、危険だからやめてほしいと金正恩の操縦に反対したそうだ。それでも金正恩は押し切った。

「最高指導者がパイロットと一緒でなくてどうする。私が飛行機に乗ってこそ、パイロットたちが最高指導者はいつも自分と一緒にいると思い、力や勇気が出せるのだ」

短い飛行を終えると、今度は着陸態勢へ。後ろからもう1人の男性が補佐し、着陸の衝撃に備えた。

無事着陸に成功すると、金正恩はほっとした様子で後ろの男性らと言葉を交わす。これまでも軍視察の際に、空軍機に乗り込むなど飛行機へのこだわりが強かった様子がここでも浮かび上がった。

金正恩のこだわりもあってか、16年9月下旬には東部の元山で北朝鮮初の航空ショーも開かれた。折しも6回目の核実験や長距離弾道ミサイル発射の兆候が見られるなど緊張が続く中での開催だ。

轟音と共に登場したアメリカ製の軍用ヘリコプター4機の編隊飛行によって、航空ショーは開幕した。ミグ29やミグ21でのアクロバット飛行や、パラシュート部隊の降下。次々にデモンストレーションが披露された。1万人を超える地元住民は拍手喝采を送る。中には踊りだす人まで……。ショーには日本を含む海外からのツアー客の姿もあった。

「周りからは反対がたくさんありまして、ただこういう民間のイベント、航空祭というきっかけで周りの理解を得てやっと来ました」

朝鮮半島情勢の緊張や、観光客の拘束など不安はあっても、航空ファンを引き付けるのは、ミグやツポレフなど他の共産主義圏では現役を退いた旧型機が空を舞う姿を目の当たりにできるからだ。

国連の経済制裁で、民間機を除く航空燃料の輸入が原則禁止されているにもかかわらず、北朝鮮が航空ショーを開催した狙いは明確だ。制裁に揺るがぬ強気の姿勢を内外にアピールする。併せて、海外からの観光客を誘致し外貨を獲得することで、一石二鳥の効果がある。

ショーの最中、観客たちが制止を振り切り、滑走路に押し寄せる場面があった。会場に北朝鮮初の女性戦闘機パイロットが現れた時だ。金正恩の指示で育成されたこの2人の女

航空ショーで披露された初の女性戦闘機パイロット（16年９月）

性パイロットを一目見ようと住民らが殺到したのだ。２人はアイドルさながらに記念撮影に引っ張りだことなり、海外メディアのインタビューにも応じていた。
「我々は元帥さまの構想通り、指示通りに全力を尽くすだけです」
金正恩の後ろ盾があるだけで、一躍英雄、もとい国民的アイドルになれる。そういってもいいだろう。
ちなみにこの航空ショー、翌17年には開催中止となった。米朝の対立激化で思うように集客ができなかったことや、国連制裁による燃料不足の深刻化が原因だろう。

3　体育強国の幻想

時々、北朝鮮からスポーツに関するニュースが伝えられる。そのたびに私は、「北朝鮮にスポーツをやる余裕なんてあるのかな。お腹を空かしたままスポーツをするのは辛いのではないか」と半ば不思議に思っていた。

金正恩は最高指導者に就任した直後から、スポーツ振興に力を入れてきた。国際大会やオリンピックで好成績を収めて北朝鮮の威光を世界に知らしめるというのが目的で、東京オリンピックに向けて選手らに檄を飛ばしていると言う。

その象徴的な場面が、15年、東アジアカップで女子サッカーチームが優勝した時だ。金正恩が空港までわざわざ出向いて、選手・監督らを迎え入れた。外国の元首を迎えるかのように滑走路で待ち受け、監督と抱き合い、選手1人1人と握手して健闘を讃えた。金正恩は花束を抱えた選手たちに囲まれ、もみくちゃになりながらも終始満足げな表情だった。

父親の金正日が映画と音楽を好み、芸術を政策の柱にしていたのに対し、金正恩はスポーツ振興に力を入れ、北朝鮮を体育強国とすることを目指してきた。オリンピックや国際大会で活躍する選手を増やし、北朝鮮のイメージを上げるのが彼の夢だ。

特に力を入れているのがサッカーだ。

17年4月、世界的なサッカー選手を養成するために作られた平壌国際サッカー学校が海外メディアに公開された。

練習に励むサッカー学校の女子選手たち（17年４月）

北朝鮮の音楽に合わせ、フットワークの練習をする子供たち。最大限のスピードが出せるよう手足を素早く動かしている。

「足、足、速く速く」

コーチの指示に従い、黙々と練習を続けている。選手たちのレベルはかなり高いように見える。

「始め〜、ハイ」

別のコートではボールを使って練習する女生徒たちの姿も……。お揃いの赤いユニフォームに身を包んでいる。

年齢別に分かれて練習に励む。北朝鮮各地から選りすぐられた８〜16歳の生徒２００人あまりがこの学校で学んでいるという。

学校の正面入り口には、金正恩がサッカー大会を観覧した際の大きな写真と、「お言葉」が記されていた。

「金正恩同志が指導の際、サッカー学校自体が北朝鮮代表選手の養成基地なので惜しむものはないと仰った」

同校は13年に設立され、学校の名前は金正恩が命名した。

校内には闘争心を煽るためか、「忘れるな、米帝を！」と描かれたポスターが貼られているのが目を引く。視聴覚室で上映されていたのは、サッカーではなく学校の生徒が出演するリズム体操のビデオだった。金正恩が「良くできた」とお墨付きを与えた体操だという。

学校には寮も完備している。寮の一室に置かれた2段ベッドには一段に6組の毛布が置かれていた。一段に6人が寝ているのだろうか。校舎の中には人工芝のコートも作られていて雨でも練習できるようになっている。

金正恩が力を注ぐだけあって設備が整っている。しかし生徒間の競争は激しく、成績が悪いと地元に戻されてしまうと言う。生徒たちは……。

――どんなサッカー選手になりたいですか？

「立派なサッカー選手になって祖国の栄誉を広めます」

――北朝鮮のサッカーの水準はどれくらい？

「よくわかりませんが、発展しています」

一瞬答えに詰まりながらも模範回答をした男子学生。横で見守っていた教師はほっとしたように笑顔を浮かべ、学生の頭を撫でまわした。

なぜ多くの子供たちが必死に未来のサッカー選手をめざすのか。

北朝鮮ではオリンピックで金メダルを取ったら一生安泰だから、という理由もある。

１９９６年のアトランタ・オリンピックで柔道の田村（現・谷）亮子選手を破り、金メダルを獲得した桂順姫《ケスニ》は、帰国後に乗用車や高級アパート、人民体育人の称号などが贈られた。良い成績を残せばスポーツ英雄として讃えられるだけでなく、アパートや自動車などが与えられ、北朝鮮の住民誰もが羨む生活ができる。社会的な地位も保障され、家族も優遇される。

だが、期待に添うような成績を残せずに失敗した場合はどうなるのか。厳しい自己批判を求められるだけでなく、場合によっては、炭鉱などに送られ、強制労働させられたり、収容所に入れられるケースも少なくない。そのために脱北して韓国に亡命した選手や監督もいる。

スポーツが統治の手段として使われ、選手の運命すら大きく左右してしまう。北朝鮮では全てが国威発揚のため、そして金正恩のためなのである。

4　36年ぶりの朝鮮労働党大会

締め出された外国記者

２０１６年5月。「北朝鮮の執権政党」という表現は似つかわしくないが、この国を独裁している朝鮮労働党の党大会が実に36年ぶりに開催された。36年ぶりと聞いてもピンと来ないが、１９８０（昭和55）年以来の開催だ。日本で言えば山口百恵が引退したころから党大会は開かれていなかったということになる。

その取材のため、私は5月3～12日、平壌に滞在した。北朝鮮が取材を受け入れた海外メディアの記者やカメラマンら約１２０人が集まった。

実際に党大会が開かれたのは、この期間の6～9日の4日間だけ。それも会場で直接取材することは許されず、平壌中心部にある「羊角島国際ホテル」に設置されたプレスセンターに押し込まれて、国営朝鮮中央テレビの報道を見せられるだけに終わった。

会期中であっても、党大会とは関係のない病院や工場、電子図書館などの取材を求められるばかり。結局、党大会の場面として、取材が許されたのは選ばれた数社だけ、それも最終日に10分程度の撮影を許可されるという不本意なものだった。

「マンセー、マンセー」と会場に歓喜の声がとどろき、金正恩が党委員長に推戴された。この場面をもって、36年ぶりの党大会は終わった。党規約の改正、新指導部の人事、金正恩の肩書き変更など、様々な決定がなされた。

残念ながら、私は党大会を現場で取材することができず、このフィナーレの場面も、結局テレビ画面で見るしかなかった。

北朝鮮は「党大会取材名目」で取材クルーを受け入れたはずなのに……。私たちは何度も抗議した。でも、北朝鮮は特殊な国である。我々の考え方とは違う論理で動いており、話は全く通じなかった。想像してみるに、失敗を見せたくなかったのだろうと思う。

金正恩は膨大な報告書を読み上げないといけないので、読み間違いや、言葉に詰まることがあったり、想定外のハプニングが起きるかもしれない。外国メディアはそんな様子を容赦なく伝えるので、どんな報道がされるか予想もつかないし、北朝鮮メディアのように報道内容を検閲することもできない。

外国メディアは金正恩の表情をじっくりウォッチして、不安な表情を浮かべたら、映像・写真に収める機会を虎視眈々と狙う。金正恩を神様にしないといけない大会なのに、国際社会での権威を落としてしまったら大変だ。報道や宣伝扇動を担当する人たちは相当

36年ぶりに開催された朝鮮労働党の党大会会場、4・25文化会館（16年５月）

に神経を使ったに違いない。その結果、外国記者が締め出されたのだと思う。

実は党大会3日目の8日、海外メディア全員に一時、召集がかかった。

連れていかれたのは、人民文化宮殿と言われる施設。ここでボディーチェックを受けることになったのだ。「もしや、最高指導者がいる場所に?」とざわついたが、チェックを待っている間に「取材がキャンセルされました」という連絡が入った。仕方なくホテルに戻ったものの、何の取材か、なぜボディーチェックが必要だったのか、中止の理由は何なのか、一切知らされることはなかった。

「永遠の委員長」

36年ぶりの党大会では、何が決まったのか。

開会宣言のあと、金正恩は2日間、事業総括報告を延々と読み上げた。演説文は3万7000字もあり、放映時間だけでも3時間に及んだ。演説では眼鏡をかけていた。ちなみに、36年前は祖父・金日成が5時間半ぐらいかけて読み上げた。大半がプロパガンダの内容なので、話す側も聞く側も、かなり苦痛だろう。

朝鮮中央テレビは、金正恩が報告する様子を「特別重大放送」として伝えた。

内容を整理すると……。
▽核・ミサイル開発
北朝鮮は責任ある核保有国だと改めて主張。経済建設と核開発を同時にすすめる「並進路線」を今後も継続し、核戦力を質的・量的に強化していくと強調した。
▽「非核化」言及
自主権の侵害がなければ、核の先制使用はせず、世界の非核化実現のために努力していくとも表明。この「非核化」という言葉は、金正恩が、2013年にも言及していて、今回、党大会の場で改めて触れた格好となった。一方で、核保有国の地位を堅持した上で対外関係を発展させるとし、核放棄にはこれまで通り否定的な立場を示した。
▽対米、対日、南北関係
アメリカについては、「世界の平和の破壊者」だとして攻撃対象と規定した。日本に対しては、過去の植民地支配を謝罪すべきだとした上で、朝鮮半島統一を妨害してはならな

いと要求。日朝協議や拉致問題への言及はなかった。一方、韓国との南北関係では、「統一の実現は党のもっとも重大で切迫した課題だ」と表明し、根本的に関係を改善するべきだと主張している。

全体の受け止めから言えば、ここでは、あまり大風呂敷を広げず、極端な高い目標も掲げず、いわば「現実路線」を取っている、という印象だった。

現実路線というのは、金正恩が次の党大会を見据えていることを意味する。父・金正日の時代は、成果がなかったので党大会を開けなかった。なので、もし次期大会を開けなければ、住民たちは金正恩が成果を出せていない、能力が足りない、と不満に思うはずだ。党運営を正常化し、党を引っ張る偉大な指導者とアピールしたい、そのためには今後も定期的に党大会を開く必要がある、だから、現実路線ということだと思う。

4日間の党大会の様子を伝えた労働新聞の1面は、金正恩の姿で埋め尽くされた。初日はひな壇に座る指導部を遠目にとらえた写真、2、3日目は事業総括報告をする写真、最終日は最高ポストに推戴されたことを伝えるとともに、スーツ姿の大写真を掲載して報じた。写真がだんだん大きくなり、最終日にはドアップ。党大会期間中はいつもの人民服ではなくスーツで新しい感を出すことで、通常との違いを演出したようだ。

金正恩にとって党大会での最大の成果は「党委員長」に肩書きを変えたことではないだ

ろうか。

最終日に、金正恩は党最高ポストである「党委員長」に推戴され、肩書きが第一書記から変わった。つまり「これから本当に金正恩時代が始まる」と内外に宣伝したということだ。確かに、それまでの「第一書記」は、あまりよい響きとは言えなかった。第二や第三があるポストのようで権威が感じられないからだ。

金正恩の父・金正日も「金正日総書記」と名乗っていた。金正日の場合、父・金日成が「党中央委員会総書記」という肩書きを亡くなるまで使っていたためそのポストを引き継ぐことになった。その時、金正日はすでに権力を独占していた状態だったので、自分を「既に党を超えた存在」と考えていたようだ。なので自分は「党中央委員会総書記」ではなく、「中央委員会」という言葉をはずして「党総書記」を名乗ったのである。

この時、金正日は、党大会や党代表者会という正規の手続きを踏まずに最高指導者を名乗ったという経緯もある。

金正恩はこれをまねたということだ。

祖父は「永遠の主席」、父は「永遠の総書記」。したがって、今の金王朝が続くと仮定すれば金正恩が亡くなった場合、「永遠の委員長」になるわけだ。祖父や父のように自らを偶像化させようとしたのは間違いない。

小手先だけの肩書き変更だが、金正恩にとって、これは必要な〝儀式〟だったのだろう。どうせ肩書きは自由に変えられる。いっそ「大統領」にでもしたらどうか、と私は思ったりしたものだ。

5　軍事パレード――北朝鮮の覚悟の怖さ

携帯、パソコン禁止

北朝鮮といえば、日本人がまず思い浮かべるのは、軍事パレードの場面ではないだろうか。

兵士たちが金正恩に顔を向けながら、一糸乱れぬ動きを見せる。背後の金日成広場は住民たちで埋め尽くされ、人文字によって「決死擁護」などのスローガンが作られる――。

15年10月10日に党創建70周年を記念して開催された軍事パレードは、朝鮮人民軍兵士約2万人と住民10万人が参加し、史上最大規模となった。軍事パレードは何度も取材しているが、この時は金正恩の権威の強化と、住民の諦めに近い疲労感を肌で感じた。

軍事パレードは北朝鮮にとっては一大祝賀行事だ。しかし、その開始時刻が事前に告げられることはない。過去の例では午前中に開催されるのが通例だが、この日は違った。

当日午前8時すぎ、平壌の高麗ホテルは祝賀行事に出席する人たちで賑わっていた。海外からの招待客の中には朝鮮の伝統衣装チマ・チョゴリに身を包む人もいる。しかしこの時点では、まだパレードの開始時間すら、はっきりしていなかった。

この日、平壌はどんよりとした曇り空が広がり、雨が心配されていた。ホテルの窓からは行事に参加するため集まっていた学生らが、突然の雨に右往左往する様子も見られた。

なぜ開始が遅れているのか……。事情を知らされないまま、時間だけが過ぎていく。午前10時すぎ、会場の金日成広場につながる道路には大量の軍用車両が並んで待機していた。今度はパレードに動員される兵士らが乗った車両が道路を埋め尽くした。この段階になって、ようやく開始時間が近づいていることが実感できるようになった。

私が駐在したころの中国では、オリンピックの開会式や国家指導者の晴れ舞台となる重要行事がある場合、青空を確保するために、化学物質を散布するロケットを打ち上げ、人工的に雨を降らせていた。しかし、北朝鮮の場合、そういう技術は使わない、というより、国土が小さくて使えないようだ。

午後0時半――。

ようやく海外メディア約１４０人に集合の号令がかかった。

バスに乗って広場近くまで行き、そこで荷物検査。例によって、携帯電話やパソコンは持ち込めない。金正恩が出席する行事の場合は、通常よりも検査が厳重になる。この時もまだ、はっきりした説明はなかったが、パレードの開催は間違いなさそうだ。推測するに、パレードの開始が遅れたのは、天候の回復を待っていたためと見られる。

広場に入ると、大型のスクリーンが設置されていた。朝鮮中央テレビのカメラが実況生中継に備えてスタンバイしている。行進の足音を収録するため、低い位置にもマイクが置かれている。金正恩が観覧する「主席壇」と呼ばれるバルコニーがあり、その下の観客席には招待状を手にした人々が続々と入場していた。

金正恩体制発足後、ほぼ毎年のように開催されてきた大規模軍事パレード。現場にいた私は、金正恩への個人崇拝が一層浸透したことを感じた。

盛大なパレード、経費負担は住民側

そして、党創建70周年の祝賀行事が始まった。

ほどなくすると、大きな拍手と歓声が沸き起こり、金正恩と、この日の賓客、中国共産党ナンバー5の劉雲山《リユウユンシヤン》（政治局常務委員、当時）が壇上に姿を現した。

愛国歌の演奏中、金正恩は敬礼し、その後、劉氏と言葉を交わして談笑したりしていた。

「敬愛する金正恩同志が演説をなさいます」

マンセー、マンセー‼　地響きのような声が上がった。

「国の根本である人民よりも貴重な存在はないし、人民の利益よりも神聖なものはありません。

……人民を愛し人民のために闘争し、人民の美しい夢と理想を実現していきます。全党員同志に訴えます。みなで偉大な人民のために滅私服務していきましょう！　不敗の党、朝鮮労働党の下に一心団結された偉大な朝鮮人民マンセー！」

演説は25分間ほど。その中で金正恩は、アメリカに対していつでも戦争に応じると警告する一方で、人民という言葉を90回あまり使用し、「人民愛」を強調した。金日成生誕100年（2012年）の軍事パレードで演説した時と比べると、自信に満ち、聴衆に語り掛ける余裕も生じていた。「地位が人を作る」という言葉があるが、北朝鮮の最高指導者らしい振る舞いを金正恩も身に着けたようだった。

隣にいた案内人が声を震わせている。

「素晴らしい、指導者がこんなに住民のことを思ってくれているなんて。演説を聞いて初めて涙が出ました」

もはや父・金正日の時代は完全に過去のものとなり、金正恩が指導者として存在感を増しているのをひしひしと感じた。

壇上の奥には妹、金与正の姿も見え隠れしていた。当時の職位ではひな壇に並ぶことはできないが、金正恩のスケジュール管理という仕事の性格上、近くにいて補佐していたようだ。

広場に目を向けてみよう。

兵士らは一糸乱れぬ隊列で行進する。真剣な表情で必死に行進する少女の姿に目を奪われた。本番に向けた練習は３カ月以上も続けられてきたと聞いた。

いよいよ兵器の登場だ。

核開発を示唆する部隊や弾道ミサイルが次々にお披露目される。日本のほぼ全域を射程圏内に入れる中距離弾道ミサイル「ノドン」、射程３０００キロ以上といわれる中距離弾道ミサイル「ムスダン」。続いて登場した長距離弾道ミサイル「KN-08」は、先端が丸く改良されていた。間近に見るミサイル、これが実際に発射されるのかと思うとやはり強い脅威を感じた。

兵器の次は群衆の行進だ。

平壌周辺の10万人が造花を振りながら、熱狂的に万歳を叫んで通り過ぎていく。大歓声

軍事パレードで隊列を組む女性兵士たち（15年10月）

と行進で地面が揺れるほどだ。バルコニーでは金正恩が観衆に向かって手を振る。隣の劉雲山の手を取りながら、歓声に応える場面もあった。

行事は2時間半あまり続いた。

終了と同時に、軍人や住民らは足早に移動を開始した。中には疲れた様子でその場に座り込む人もいた。開始時間が遅れたこともあり、朝から何時間もひたすら待たされたのだろう。どの顔にも疲れがにじむ。そこには13年当時のような解放感や、北朝鮮の変化に対する期待感はもはやなかった。

行事だけではない。党大会の直前まで「70日戦闘」という大増産キャンペーンが展開され、残業や建設現場での労働奉仕など国民総動員が続いてきた。住民をできるだけ疲れさせ、考える余裕を与えない。それも北朝鮮流の統治手段の一つではないかと思える。

登場した長距離弾道ミサイル「KN－08」（15年10月）

パレードに参加した人たちに話を聞いてみた。

「行事に参加して敬愛する金正恩元帥に仕え、我が党と社会主義祖国が一番であり、常に必勝不敗だと一層理解しました。偉大な金日成朝鮮、金正日民族の国民である栄誉と矜持を胸に深く感じました」（女性）

地方から行事に参加した人もいた。

「慈江道から来ました。朝鮮労働党創建の慶祝代表として来ました。汽車で上京してバスに乗ってここまで来て、行事に参加しました。12時間かかりました」（男性）

別の男性は……。

「10月の大祝祭場に向かって敬愛する金正恩元帥様に忠誠を示そうと地方から来ました。プンチョンの炭鉱から来ました」

勲章が光っていた。

「国旗勲章２級と３級です。石炭生産の機会を逃さずに実現して生産を増やして勲章をもらいました」

チマ・チョゴリで着飾った若い女性もいる。

「行事を通じて元帥様によく尽くし、青年大学生の本分を示そうと思います。（どこの大学？）体育大学の学生です。（スポーツは何を？）バスケットボールです」

みんな、ほぼ模範回答だった。行事に参加するのは名誉なことで、職場や学校から選ばれた人々だ。忠誠心も高い。批判的なことを言うはずがない。

パレードが終わると、次の行事に備えてただちに広場の掃除が始まった。花などの残骸を拾い集める人たちもいる。広場の地面をみると、部隊の配置を示す白いチョークの跡が至る所に残されていた。

ちなみに今回の行事について、韓国のシンクタンクは、建設、兵器準備、住民動員、海外代表団招請などで、日本円で総額1000億～2000億円が使われたと試算している。北朝鮮の年間予算の3分の1に相当する額であると言われる。

実際にお金を出すのは誰か。

それは北朝鮮内外の各機関だ。特に在外公館や、党・軍傘下の貿易会社など海外にある機関には「忠誠資金」という名の多額のノルマが課せられると言われている。住民も募金などの形で資金を拠出するという。国家の大慶事とはいえ、行事の準備に多大の時間を取られるだけでなく、金銭ノルマまで強いられるのは大きな負担だ。派手な行事の裏でしわ寄せを受けるのは、最高指導者や幹部たちではなく、やはり住民たちということになる。

6　肝いりのスキー場と豪華ホテル

スローガンになったスキー場

平壌から車で3時間ほどにある、日本海側の都市、元山。白い砂浜が4キロ以上続き、海は青く澄み切っている。

北朝鮮は13年、この周辺をリゾート地区に指定して、金正恩の大号令の下、ビーチやスキー場など観光施設の整備が急ピッチで進められた。ここでもやはり、狙いは外国人客を呼び込んでの外貨獲得にあるのは間違いない。

金正恩は幼少期にスイスに留学し、スキーも楽しんだようだ。そんな思い出からスキー場の建設に並々ならぬ意欲を示したのかもしれない。

そんな金正恩の思い入れがたっぷり込められたのが、元山から車で30分の場所にある

「馬息嶺《マシンニョン》スキー場」だ。元山は平壌と高速道路で結ばれ、港や空港もある。立地条件の良さも観光地区に選ばれた理由の一つなのだろう。

同年5月27日、北朝鮮メディアは、金正恩がスキー場建設現場を視察したと報じた。

馬息嶺スキー場の建設は、経済や文化・スポーツで大国を目指すとする国家建設の象徴事業とされた。敷地面積は数十万平方メートルにも及ぶ。建設現場には軍人が大量に投入され、数十万平方メートルを切り開き、幅40～120メートルのコースからなるスキー場の建設が進められた。

ゲレンデ予定地にはスローガン「燃える願い」が掲げられ、動員された軍人ら約1万人がツルハシやスコップなどを用いた伝統的な手法で作業に励んだ。普通なら10年かかる工事を1年でやり遂げたという。

「『馬息嶺速度』を創造して社会主義建設の各部門で新たな全盛期を開いていこう」

13年夏、北朝鮮で「馬息嶺速度」というスローガンを掲げての新たな経済建設キャンペーンが展開された。金正恩もアピールを発表し、馬息嶺スキー場を見習い、経済建設で大飛躍、大革新を起こそうと訴えた。

朝鮮中央通信が12月31日に完工を伝えた際には、金正恩が視察し、ゲレンデやホテルなどの施設を見て回り、リフトに乗る写真が公開された。一般住民向けのスキー場は国内初とされ、北朝鮮指導部は近代的な国づくりの象徴として大々的に宣伝。外国人旅行客を呼び込む観光資源としても期待が高まった。

翌14年1月16日の朝鮮中央通信は、中国の劉洪才《リユウホンツアイ》大使（当時）をはじめ、平壌に駐在する外交官やその家族らが馬息嶺スキー場を訪問したと伝えた。外交団の招待で、環境や設備、安全性の宣伝を狙ったとみられる。また、その２日前には日本のアントニオ猪木参院議員も訪れていた。

私はオープンから９カ月後に馬息嶺スキー場を取材した。

人里離れた山あいの中に突然、広大なスキーリゾートが姿を現す。標高約７６０メートル、初級から上級までレベル別に10本のコースがあり、総滑走距離は１１０キロに及ぶ。北朝鮮が誇る世界水準のスキー場だ。

５台あるリフトは、夏場は１台のみが運行し、山頂の展望台から景色が楽しめる。スキー場の作業員は……。

「（動いている）リフトは中国製です。別のリフトはスイス製、向こうにあるのもスイス製。リフトは全部で５台あります」。

実は金正恩が乗ったリフトはスイス製だ。

スイス紙ルタン（２０１３年８月19日付）によると、北朝鮮は、スキーリフトやゴンド

世界水準を誇る馬息嶺スキー場のリフト（14年9月）

ラなどを約700万スイスフラン（約7億4000万円）で販売するようスイス企業に要請、契約はほぼ成立していた。ところが、スイス政府が国連安全保障理事会の対北朝鮮制裁に基づき「ぜいたくなスポーツ施設」に関係する物品を新たに輸出禁止対象に加えた。これに伴いスキーリフトなどは禁止対象に該当すると判断され、輸出は取りやめられたという。

しかし、なぜか馬息嶺スキー場にはスイス製のリフトが設置され、スウェーデン製の人工降雪機も数十台置かれていた。その理由は今も解明できていない。中国など第三国を経由して運ばれたのではないかと思う。

何よりも違和感を覚えるのは、食糧難にあえぐ北朝鮮で、一体誰がスキーを楽しむのだろうかという点だ。

観光客の呼び込みはうまくいっておらず、14年9月に私が訪れた際はガラガラ。わずかに元山から平壌に向かう途中の休憩所として利用するお客さんが数人いる程度だった。シーズンオフという事を割り引いてもかなり残念な状態だ。

イギリスから観光に来たという男性はこんな話をしていた。

「北朝鮮にこんな立派なスキー場があるなんてびっくりしたよ。スキーに来てもいいなと思うが、ヨーロッパからはちょっと遠いね」

そもそも北朝鮮ではスキーは一般には普及していない。ヨーロッパからわざわざここまでスキーをしに来る必然性もない。需要と供給が全く一致していないので完全に宝の持ち腐れとなっている。

一部では、韓国の平昌で18年に冬季五輪が開催されるため、馬息嶺のスキー場を利用して南北共同開催を狙っているのではとの見方もあった。北朝鮮は１９８８年のソウル五輪に対抗、89年に社会主義圏の青年らが集う第13回世界青年学生祝典を平壌で開いた。メンツを保つための祝典だったが、北朝鮮の経済破綻をダメ押しする結果となった。

見た目は豪華なホテル、でも……

見た目は立派だけれど、一体誰が使うのか？

北朝鮮にはこうした僻地の豪華リゾートが数カ所ある。お金の無駄としか言いようがない。

その一つが馬息嶺スキー場に隣接する高級ホテルだ。

赤茶色の巨大なコテージ風の建物が馬息嶺ホテル。木目を強調した客室には液晶テレビが完備され、インターネットも使える。北朝鮮の場合、客室でインターネットが使えるのは珍しい。テレビは北朝鮮内の二つのテレビ局のほか、日本など海外のテレビも見られるようになっている。

調度品はスキー場のロゴマーク入り。なかなかオシャレだ。客の半数は中国やロシアなどの外国人という。プール、サウナ、ビリヤード、美容室、カラオケルームも完備している。

美容室には、12種類の髪型の見本が掲げられていた。そのうち半分はショートヘア。おそらく李雪主ファッションの影響なのだろう。こんな場所で髪型をまねる人がいるのかと思うが、影響力の大きさが感じられて興味深い。

ホテルは2棟で構成され、計120室。シングルが外国人料金で1泊100ドルほど。コーヒーショップの冷蔵庫には日本のメーカーのビールが用意されていた。ジュニアスイートの客室に入ると、シャンデリアが下がるリビングがあり、その先にはダブルベッドが

馬息嶺スキー場に隣接するホテルのロビー（14年９月）

置かれている。このタイプは、２等室でも１泊１７０ドルする。一番高い部屋は１泊２６２ドル（約２万６０００円）の設定だ。

「北朝鮮にこんなきれいなホテルがあるなんてびっくりした」という声が聞こえてきそうな豪華ホテルなのである。ちなみにアントニオ猪木も馬息嶺スキー場を視察した際、このホテルに泊まっている。

見た目は一見豪華だが、実際にはどうなのか。

宿泊者に聞くとテレビが映らなかったり、蛇口をひねると茶色い水がなかなか止まらなかったという。「馬息嶺」にちなんだ土産品もなく、レストランのメニューはカレーライスなど「定番」ばかりで、元山自慢の海の幸はなかった。

「ハコは立派だけど、インフラは追いついていない……」

サービスはまだまだ発展途上と言わざるをえない

のが実情だ。

馬息嶺で2014年5月24日、観光バスが谷に転落し、乗っていた中学生約50人が全員死亡した、と韓国紙・東亜日報が同年7月29日付で報じた。生徒らは平壌の名門、平壌第一中学校の3年生で、高官の子女が多く含まれていた。元山の松濤園国際少年団キャンプ場に向かう途中だったという。

事故現場は高速道路の迂回路で、道幅が狭く事故が多発する区間。同紙によると、馬息嶺ではこの数カ月前にもスキー場に向かっていたバスが転落し、約30人が死亡する事故があったと言われていた。北朝鮮の道路は舗装が不十分で悪路が多い。特に冬季はスリップの恐れがあり、海外からの訪問団受け入れも中止になるほどだ。

娯楽施設以前に道路などの基礎的なインフラの整備がなされない限り、観光立国への道のりは遠い。

7 北朝鮮はどう外貨を稼ぐか

美術館に「ヤワラちゃん」の絵

北朝鮮にとって、芸術は金儲けの手段である。センスを競ったり、技術を磨いたりしても、その成果は結局、外貨稼ぎに転用されるのだ。その芸術で資金を得る集団がある。

万寿台創作社――１９５９年に設立された北朝鮮最大の美術制作集団だ。朝鮮労働党の直属機関で、70年代半ばから金正日の指示で絵画、銅像、彫刻、壁画など様々な分野で創作活動にあたっている。北朝鮮で着用が義務付けられているあの「金日成バッジ」もここで作られている。約３７００人の芸術家らが働く。

北朝鮮の映像の中で、金日成・金正日の巨大な銅像をご覧になった方も多いはずだ。これを手がけたのも、この万寿台創作社だ。ほかにも平壌の凱旋門、主体思想塔、平壌駅の壁画など、北朝鮮のシンボルとなる建造物をたくさん作っている。

海外部門もあり、外国で芸術作品を制作・販売したり、展覧会の開催もする。

北京にも二つの支部があるのを割り出し、そこに潜入してみた――。

中国最大の芸術エリア７９８芸術区。そこに、鉄筋2階建て、壁面をレンガで埋め尽くされた建物があった。入り口には、北朝鮮を象徴する「千里馬」のマークとともに「朝鮮萬壽臺創作社美術館」と刻まれた看板が見える。建物の横には、前足を片方だけ上げて威嚇するトラの銅像、その横にそびえ立つ高さ10メートルほどの塔の頂上には「千里馬」の像が屹立していた。

万寿台創作社が北京に作った美術館である。

館内に入ると、北朝鮮の雑誌や切手などを販売するコーナーがあり、その上には「中朝友好万歳」と書かれたスローガンが掲げられている。

その奥の空間に、北朝鮮の絵画がずらりと並べられていた。工場で働く労働者、乗馬する人々、くつろぐ子供たち、風景、動物、スポーツで勝利した場面——など油絵や水墨画などの作品が20点ほど。大半が大型の絵画で、値段は1枚数万中国人民元（日本円で数十万円）と高額だ。本当にそれだけの価値があるものなのか、素人目にはさっぱりわからなかった。思ったより北朝鮮特有のプロパガンダ絵画は少なく、中国の絵と言われても簡単には区別できなそうな感じだ。

もう一つ、大型絵画の展示スペースの半分ぐらいの空間があり、そこには小型から中型の絵画のほか、人形や壺、雑誌などが置かれていた。高さ1～2メートルの銅像も数点展示されていた。

館内にはチマ・チョゴリ姿の若い北朝鮮女性が少なくとも7人。でも、みんな何かを監視するように目を光らせている。写真を撮ろうとすると「やめてください」と注意された。

そこから数十キロ南に離れた場所にも、北京有数の芸術推進地区があり、そこにも「万寿台画廊」と名乗る店舗がある。

従業員によると、絵画は展示されているのが２００点ほど、倉庫にも数百点があるという。

画廊の中で、最も目立つ場所に置かれていた作品を見て、私は思わず声を上げてしまった。

そこに描かれていたのが、涙を流しながらひざまずくヤワラちゃんこと、田村亮子（現・谷亮子）だった。96年のアトランタ五輪の女子柔道48キロ級で、北朝鮮の桂順姫に敗れたシーンだ。田村の背後で、桂がガッツポーズを取る。「体育強国・北朝鮮」を見せ付けるかのような配置だった。価格は2万元（約30万円）だった。

北朝鮮では愛国心を喚起する題材かもしれないが、中国でこの絵の意味するところを理解し、なおかつ購入しようとする人がいるのだろうか。

中国では、風景画や人物画など北朝鮮のプロパガンダ色の薄いものであれば、「絵画」として一定の需要があるようだ。万寿台創作社は北朝鮮が誇る芸術家集団であり、芸術的な価値はともかく、創作の技術は高いといえる。

銅像ビジネス

かつて北朝鮮の外貨稼ぎは中東やアフリカへの武器やミサイルの輸出が中心だったが、2006年以降は国連制裁が強化され、禁止された。そこで北朝鮮は、絵画などの美術品販売のほか、銅像制作という芸術ビジネスによる外貨獲得の強化に乗り出した。中でも銅像は高額で取引でき、北朝鮮にとっては格好のビジネスとなっていた。

朝鮮中央テレビでも時に「敬愛する金正恩同志が万寿台創作社を指導された」として、最高指導者がこの組織にてこ入れしている様子を伝えている。

フジテレビはアフリカでのビジネスの一端を明らかにする映像を入手した。15年夏、場所はアフリカ南西部の人口およそ230万人の小さな国、ナミビア。首都ウィントフックには、手を高らかに上げたポーズを取る銅像が建っている。北朝鮮・平壌にある金日成や金正日の像にうり二つだ。ナミビアの美術館にある絵画も、北朝鮮で目にする作品の特徴と一致する。調べたところ、銅像や絵画は、やはり万寿台創作社の作品だった。

北朝鮮とアフリカは相当離れている。アフリカ諸国はなぜ、わざわざ北朝鮮に注文するのだろうか……。巨大銅像を作る技術を持つ国は限られる。中でも北朝鮮は高い技術力の割に価格が安く、ヨーロッパの工房などに比べれば3分の2以下に抑えられるのがその理由だ。ジンバブエのムガベ大統領の銅像は2体で５００万ドル（5億円ほど）だったと言われている。

北朝鮮は他にも、セネガル、トーゴ、コンゴなどアフリカ各地で、独立の英雄や初代大統領などの銅像を作っている。

ナミビアにもう一つ気になる映像があった。一見何の変哲もない建設作業現場に、よく見ると、複数のアジア人らしき作業員の姿が映っていた。実はこの作業員は北朝鮮から来た労働者だったのである。北朝鮮によるナミビアへの労働者派遣は、国連も把握していなかった。

別のカットでは、体格のよい北朝鮮労働者が作業する様子や、現地作業員と談笑する姿が収められていた。仕事中、携帯電話を自由に使う様子も映されている。作業現場の周辺に掲げられた看板には「偉大なる金正恩同志を首班とする党中央委員会を命がけで死守しよう」と記されていた。

このほか、外貨稼ぎの主力となっているのが、北朝鮮レストランだ。私の駐在中は北京だけで20数カ所あった。

私はここに通い、従業員女性たちと仲良くなり、彼女たちの本音を聞きだそうと努めた。

給料はすべてピンハネされ、夜中まで歌や楽器の練習をやらされる。そして監視の下での集団生活。そんな苦悩に満ちた生活にどうして耐えられるのか、不思議だった。それでも彼女たちは北朝鮮の外の空気を吸い、外での生活を楽しんでいるようでもあった。北朝鮮に比べたらまだ自由があったのかもしれない。

労働者の派遣や、銅像の制作は表向き国連の制裁違反にはあたらないとされてきた。しかし、そこで得た利益の多くは北朝鮮当局に上納されて、核やミサイル開発に使われてきた。国連は17年に入り制裁強化の一環として、巨大銅像の輸出や、北朝鮮の出稼ぎ労働者の就労禁止に踏み切った。

中東や中国などで出稼ぎ労働の新規雇用や、ビザの更新ができなくなり、北朝鮮への帰国が相次いでいる。北朝鮮は5万人以上の労働者を海外に派遣し、年間12〜23億ドルの外貨を稼いできたとされる。北朝鮮にとって大きな痛手となることは間違いない。とはいえ、制裁は抜け穴だらけ。私には単なる「モグラ叩き」のように思えてならない。

第3章　平壌の知られざる日常

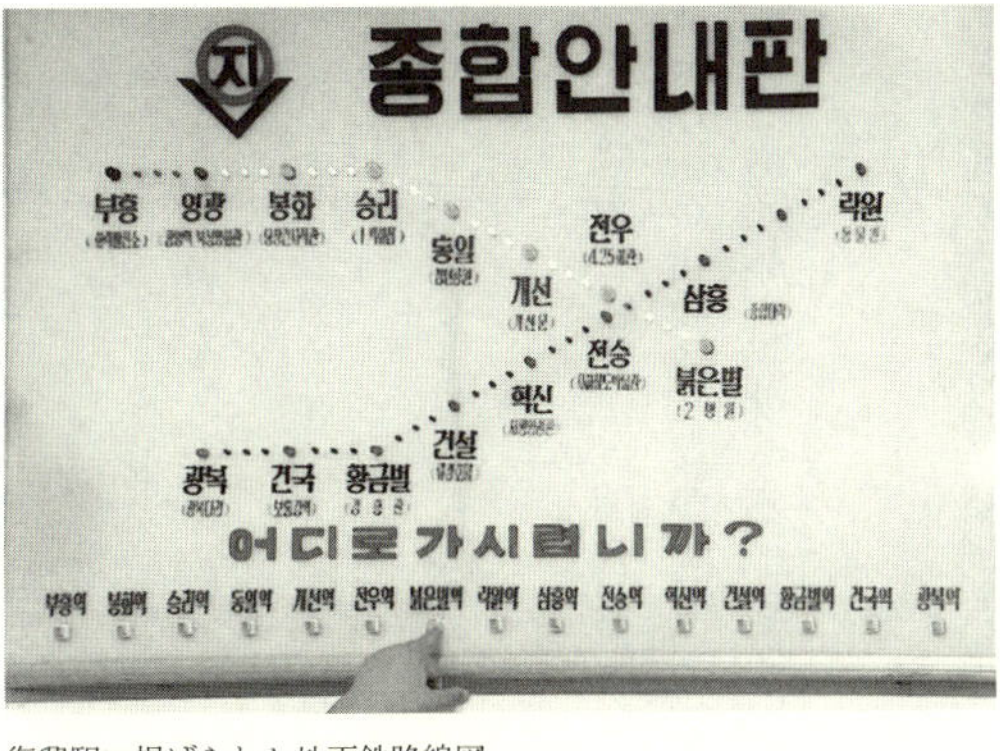

復興駅に掲げられた地下鉄路線図

1　北朝鮮式スマホ

写メも流行

北朝鮮の住民たちは、特殊な空間の中で、特殊な人格を持ち、特殊な生活を送っているのか？

この問いには正解もあればそうでないものもある。彼らの世界に入ってみて私が感じたのは「日本とそんなに変わらない」点が結構あるということだ。

韓国などの報道によると、書類上は国営企業だが、実際は日本で言う「民間企業」のようなところが増えていると言われる。２０１２年、経済管理法が新設され、個人の創業も増え、スマートフォンのアプリを売る会社やネットショップに商品を提供する小規模の民間会社も出てきているという。

私が金日成花・金正日花の展示館に入った時のこと――。

金日成花・金正日花とは両指導者を象徴する花として、北朝鮮では誰もが知る特別な植物だ。金日成花はラン科の一種で、インドネシアの植物園で開発された。スカルノ大統領

金日成花の前で写真撮影をする人たち

が、非同盟諸国の会議でインドネシアを訪れた金日成に、その名を冠して捧げたとされる。一方、金正日花はベゴニア科の一種で静岡の園芸家が金正日のために品種改良し誕生させた花だという。北朝鮮では記念日ごとに、金日成花・金正日花の展示会が開催されるのが恒例行事となっている。

特設展示館の中には、金日成、金正日の肖像画の周りに大きな花壇が作られていた。

「ハナ（いち）、トゥル（にー）、セッ（さん）」

展示の前で記念撮影する家族連れ、ミニスカートでポーズを取る女性兵士たち……。スマホやタブレットを使って撮影している人も珍しくない。館内には政府や党、軍などの機関がブースを出し、それぞれが栽培した金日成・金正日花を展示して、出来映えを競い合う。家族連れから軍人まで、多くの人で賑わっていた。
あるカウンターを見ると、「急写真奉仕3秒」との表示がある。複数の写真館が出張所をだして、即席の記念写真撮影を請け負っていた。2秒、3秒、4秒などと店ごとに微妙に速さが違って、差をつけているようだ。
客「あ、こっちはどうかな」
店「これもよく出ますよ」
客「そう、あまり大きすぎない方が」
店「1枚5000ウォンを4人ですね？」
客「はい」
店「支払いお願いします」
客「2万ウォン？」
店「2万ウォンです」
撮影はプロのカメラマンが担当。「後ろじゃなくてもう少し前へ、赤い服の方、そう」。
「さあ……、ハナ、トゥル」
撮影後は仕上がりを確認して終了。できあがった写真はその場で受け取ることができる。
写真の大きさによって5000〜2万朝鮮ウォン（約625〜2500円）。一番安いものでも北朝鮮の平均月収3000ウォン（約375円）の2倍近い値段なのにもかかわらず、人気を集めていた。記念日にプロのカメラマンに写真を撮ってもらうことには、やはり特別な思い入れがあるようだ。

かつては、北朝鮮取材の際にポラロイドを持っていき、その場で撮影した写真をあげると喜ばれると言われた。今も北朝鮮住民の写真好きは変わっていないようだ。

金正恩のスマホは台湾製

展示会場で花と並んで注目を集めたのは、潜水艦発射弾道ミサイル「北極星」と北朝鮮が人工衛星打ち上げの運搬ロケットと称する「銀河3号」などの模型だった。

北朝鮮はロケットとしているが、技術的には弾道ミサイル発射と同じで、日本のメディアなどは「事実上の弾道ミサイル」と表現してきた。当初、北朝鮮側はミサイル発射を公言せず、あくまで人工衛星の発射だと主張していたのである。15年10月時点では北朝鮮が打ち上げたのは銀河3号が最新だったが、会場にはより大型化した「銀河9号」の模型が展示されていた。「今後も人工衛星を続けて打ち上げる」というメッセージだろう。一方、「北極星」ミサイルは潜水艦に載せてどこにでも行け、いつ・どこで撃つか悟らせないものだ。戦争が始まってアメリカ本土に行けと言われれば、出撃できる。だから脅威なのだ。

確かに北朝鮮はその後もミサイル開発を加速させ、16年には中距離弾道ミサイル・ムスダン、17年には中距離の火星12型、ＩＣＢＭ級の火星14型と15型の発射を相次いで成功させている。

ちなみに、花を見に来た人は……。

「心が洗われるし、素晴らしいです」

ミサイルや人工衛星打ち上げ技術をどう考えているのか……。

「我々が世界に誇るべきものです。米軍や帝国主義者たちはすでに先に進んでいるが少しずつ距離が縮まっているし、奴らが銃や武器で我々をやっつけようとしているが、我々は衛星を打ち上げる力を持っていることを見せつけた。世界に朝鮮民族の矜持を見せたと思います」

でも訪問者の多くは政治的な展示にはあまり関心がない様子だった。

展示会場では、タブレットやスマートフォンで写真を撮影する人の姿をたびたび目にした。指をさしながら友人に位置を指示し、スマートフォンを使って撮影する女性。撮った写真をその場で見て、楽しそうに話していた。

17年までに携帯加入者は377万人を超え、人口の15％に達したと言われる（韓国開発研究院）。携帯のある光景はもはや珍しくない。スマホやタブレットも急速に普及していて、写メも日常生活の一部になりつつある。フェイスブックやインスタグラムなどのサービスはまだないが、スマホに撮り貯めた写真を見せ合って楽しむのは日本と変わらない。スマホ、タブレットはもちろん北朝鮮製だ。13年に最初の北朝鮮製スマートフォン・アリランが発売された。

値段は外国人が買う場合、およそ４５０ドル。庶民にはなかなか手の出ない値段だ。一方、タブレットは「三池淵」などと名づけられ、サイズにもよるが、２００ドル前後から売られていた。

ここで、気になることがある。

北朝鮮の若い指導者は自国のスマホを使っているのだろうか……。

13年の写真をみると、金正恩は書類の横にスマホを置いていた。韓国統一省の分析では「台湾の宏達国際電子（ＨＴＣ）製」のようだ。その後、国産のスマホに変更したのかは不明だ。最高指導者の私生活にかかわることは北朝鮮ではトップシークレットでもあり、現時点では確認できていない。

北朝鮮では一般に、外国のインターネットサイトには自由に接続できない。しかし、金正恩や一部特権階級、研究機関、情報技術関係者などは例外のようだ。

最高指導者はともかく、流行を追う庶民のありようは、日本と変わらない。インターネットの利用が厳しく制限されている北朝鮮だが、スマホやタブレットといったIT技術が庶民生活にどのような影響を及ぼすのか。外部からの情報流入と拡散を可能にするツールだけに目が離せない。

2 平壌の地下鉄

シェルター兼ねる駅

平壌を訪れるたびに何度も連れていかれたのが、地下鉄だ。おそらく北朝鮮にとっては数少ない世界標準のインフラで、昔も今も、北朝鮮が外国人に見せたい場所の定番となってきた。

地下鉄復興駅の乗り場を見てみよう。

次々と改札を通りぬける人たち。多くの人がカードを使っている。電子改札のわきには、回数券を利用する人用の有人の改札もある。運賃は北朝鮮通貨で5ウォン（約0・6円）。

自動改札は数年前から導入され、現在は回数券と料金カードの両方が使われている。北

混雑する復興駅構内

朝鮮でも最近、「ナレカード」と呼ばれるカード決済システムが導入された。現金の外貨をホテルや商店などの窓口でチャージして使うシステムで、タクシーや、レストランなどでの支払いにカードを使う人が増えてきているという。

さて、復興駅。改札を抜けるとすぐエスカレーターがあり、上りと下り、どちらにもたくさんの人が乗っている。

長い、長いエスカレーター。平壌の地下鉄は地下100メートルに作られていて、核シェルターや防空壕を兼ねているのだ。

ホームの両側には若草色と赤のツートンカラー、4両編成の列車が到着。案内員と呼ばれる女性駅員が赤い丸の書かれた札を上げると――列車が動き出した。発車ベルはなく、手動で運行している。

シャンデリアに、金日成らを描いた巨大なモザイク壁画が飾られた豪華なホームだ。所々にパネルに入れられた労働新聞が置かれ、移動の合間に紙面に見入る人の姿があった。専門の放送局もあり、ホームや地下鉄車内で音楽などが流されている。乗客も多く、平壌市民の足として活用されている。

「平壌市内を行き来するのに便利。親戚の家に行ったりするとき乗ります。地下だから涼しいし」

「よく乗るよ。料金カードは1000ウォン(約125円)、それで200回乗れる」

「通勤で毎日乗ります。乗車費は生活費と一緒に職場で出してくれる」

乗客に話しかけると、こんな答えが返ってきた。子供からお年寄りまで様々な人が利用している。郊外から来ているのか、リュックサックを背負った人も多く、中には肖像徽章(バッジ)をしていない人もいた。

地下鉄から降車する際は、ドアは手で開けるようになっている。

車内は木目調で統一され、椅子は革張り、日本の昔の列車のようなどこかノスタルジックな感じだ。

髪飾りやネックレス、思い思いの服装でオシャレを楽しんでいる女性たちが座席に座り、楽しそうにおしゃべりに花を咲かせていた。

真剣な表情で安全を確認する駅員の女性は24歳だという。帽子に黒の詰襟風スーツ、腕

構内で安全を確認する女性駅員

には案内員の腕章をつけている。足元は白いソックスにパンプスで、これが制服のようだ。話しかけてみた。

――地下鉄は何時から何時まで？

「朝６時半から夜９時半までです。（運行頻度は？）３分に一度、５分に一度です」

どうやら時刻表はないようだ。

――仕事してどのくらい？

「６年になります。最高司令官同志の配慮で平壌地下鉄（の仕事）について暑さ、寒さも知らずですよ。幸せです。仕事に矜持と自負心を持っています」

――ここで働くにはどんな資格が必要？

「鉄道大学を卒業しなければいけません」

まだ20代前半の女性職員たちと話してみて感じたのは、彼女らが自分の職業に誇りを持っているということ。体制に忠実で勤勉な一方、プライドも高い北朝鮮の住民たち。地下鉄は彼らの自尊心を支える象徴と言えるのだろう。

新車両に乗ってみた

平壌地下鉄は1973年9月に開通した。国際社会で南北が優位性を競い合う中、韓国より1年早い開通だった。北朝鮮にとっては自慢のインフラだ。しかし、車両は東ドイツ・ベルリンの地下鉄から譲り受けたものを現在も使っているため、老朽化が進んでいる。

「敬愛する金正恩同志をお迎えして、地下鉄の新車両の試運転が進められました……」

2015年11月、北朝鮮メディアは金正恩が地下鉄の新車両に試乗したことを報じた。凱旋駅から新車両に乗車した金正恩。新車両は4両編成でグレーの車体に赤のラインが入ったモダンなデザインだ。

車内には赤い椅子にグレーと赤のツートンカラーの手すりがあり、液晶テレビも設置されている。

金正恩は数区間を往復しながら、乗り心地を確認。安全で信頼できるし、人民の交通手段として適していると賞賛し、開発者らをねぎらった。

「国産車両の試運転成功を通じて『輸入病』という言葉自体をなくさなければならないと

地下鉄新車両内の様子

いうことを実証した」

「大したものだ」

正恩はこう何度も述べて、満足の意を表し、国産技術を重視する姿勢を強調した。本格運行にゴーサインが出たことで、今後徐々に新型車両への変更が進むと見られている。

平壌地下鉄には路線が二つあり、それぞれ千里馬線、革新線と呼ばれている。私が取材したのは千里馬線の復興駅と栄光駅の間だった。もちろん外国人は北朝鮮の住民と同じように自由に地下鉄を利用することはできない。ただ、案内人が一緒であれば、我々が取材した復興駅など一部の区間は外国人観光客も入れるようだ。ホームは、日本の駅と違って広告が一切なく、車内にもポスターなどは1枚も貼られていない。

広告と言えば、最近は路上に看板を出すなどの形で北朝鮮でも一部で広告を目にするようになってきた。今後は北朝鮮でも広告が増えていくのだろうか。かつて国営テレビが大同江ビールのCMを流して話題になったが、なぜかすぐ中止されてしまった。

17年4月にも海外メディア向けに地下鉄復興駅の取材がセットされた。改札をくぐるとお馴染みの長い、長いエスカレーター。時間を計ってみると、約2分45秒でようやく地下のホームに到達した。旧型の車両に交じって新車両の運行が始まっていた。

15年10月の取材では列車のドアは手動だったが、新型では自動になっていた。行き先を示す電光掲示板も設置されている。以前は案内員と呼ばれる女性駅員が赤い丸の書かれた札を上げて手動で合図していたのが、自動ドアの前で発車を確認するだけになっていた。

新しい車両について乗客は……。

「海外にたくさん宣伝してください。これ（地下鉄）がどんなにすばらしいか」

「座り心地？　すごくいいです」

トランプ大統領の就任後、米朝の緊張が激化した。市民生活に影響はあるのだろうか。

「我々にはそのような緊張感ありません。敬愛する最高指導者金正恩同志がいる限り我々は勝利すると思います」

一見、普段と変わらない生活が続く平壌。地下シェルターも兼ねるという地下鉄は非常時にどのような姿を見せるのだろうか。

3 「金正日ジャンパー」を作ってみた

ファッションリーダー・李雪主

平壌の街を歩くと、様々な服装でオシャレを楽しむ女性たちに出会う。最初にこの街に足を踏み入れた時、女性の正装はゴブラン織りの布地を使ったチマ・チョゴリだった。冬用のカーテンみたいだなと思ったのを覚えている。それが時代の変化とともに大きく変わった。

最近は華やかなジャケットにパンツ、スーツにパンプスなど、きちんとした装いが目につく。

ロングヘアには大きな髪飾りをつけたり、ポニーテールにしたり。ショートヘアも流行しているようだ。

北朝鮮の女性たちのファッションのお手本となっているのが、金正恩の妻、李雪主である。

李雪主が表舞台に登場してから、ショートカットの女性が増えた気がする。馬息嶺スキー場や平壌の水遊び場など金正恩時代に作られた娯楽施設内の美容院にある髪型の見本は、ショートカットが真ん中の目立つところにあった。北朝鮮の流行の最先端という感じだ。

李雪主は金正恩の視察に同行する際決まって、女性らしいエレガントな装いで登場する。夫人のファッションは常に注目され、彼女が着た水玉柄の服が平壌で大流行したこともあった。平壌の女性たちは流行の服をどこで手にいれているのだろうか……。

平壌の老舗デパート、第一百貨店。売り場には流行のデザインを取り入れた洋服や靴があふれ、女性たちが手に取って選んでいる。10年代からは、中国から多くの衣料品が入るようになり、色や形も華やかになっている。店で既製品を買うだけではなく、気に入ったデザインの洋服をオーダーメイドすることも多いという。北朝鮮でも若い女性はファッションに敏感だ。中国経由と思われるが、厚底サンダルやクラッチバッグなどその時々の流行がいち早く入ってきているのを感じた。

髪型については李雪主だけでなく、金正恩のあの髪型をまねする人も少なくない。いや、結構多いと言ってもいい。15年10月10日の軍事パレードの際、私も金正恩を撮影しようとデジカムでひな壇を狙っていたが、正恩を撮影するカメラマンの髪型が、後ろから見ると金正恩そっくりなのだ。正恩かと思ってカメラを向けると、カメラマンだったりすることがしばしばあり、紛らわしくて難儀した。

ともあれ、やはり、最高指導者とその夫人のヘアスタイルやファッションは、北朝鮮住民にとって憧れでありお手本となっているのだ。

オーダーメイド

私は15年10月、羊角島ホテルの一角にある洋服店を訪ねた。「ここなら、あのジャンパーをオーダーメイドできる」。こんなうわさを聞き付けたからだ。

羊角島ホテルは平壌で高麗ホテルの次に大きなホテルだ。洋服店はこのホテルのエレベーターの止まらない3階にひっそりあった。節電のためか廊下は真っ暗だ。観光ツアーのホームページに紹介されていたものの、実際には観光客の利用はほとんどなく、地元の人向けのお店のようだ。

店内にはスーツなど洋服の見本や完成品が所狭しと並ぶ。なぜか日本の雑誌もあった。手に取ると「レディブティック　2013年12月号」と書かれていた。どこから持ち込まれたのか、日本のスタイルブックが数冊あり、その中から気に入ったデザインを選べるようになっていた。生地は持ち込みでもいいし、店の在庫から選ぶこともできる仕組みだ。

思い切って、オーダーしてみた。

従業員「何を作りますか？」

私「ジャケットか、スーツを作りたいんですが……」

隣室には若い女性が数人いて、縫製や仕上げのアイロンなどの作業にあたっている。急ぎの場合は夜中も交代で働いているようだった。お店は強面のおばさんが仕切っていて、外国人には作業場を見せたくない様子。まるで秘密工場のようで、何だかドキドキする。

まずは採寸。今回、オーダーしたのはカーキ色のジャンパー。実物を目にすればどこかで見たことのある気がするのではないだろうか？

女性でも愛用者が多いというジャンパー

そう、金正恩の父・金正日が愛用していた、あのジャンパーだ。

日本ではなんとなく違和感を持ってみられるジャンパーだが、北朝鮮では人気のデザインで、注文も多いと言う。男性だけでなく女性がスカートに合わせることも多いとか。

注文が終わると次は仮縫いだ。仕付け糸が縫い付けられたジャケット。ちょっと着てみる……。肩がちょっと大きい……ので、肩パッドを入れて調整した。

「ここ『エリ』があるから、こうやって」

「エリ」は日本語がそのまま使われていた。

前のチャックを上げて……、今度は脇の調整だ。

「ここにゴムを付けます。ぴったり合うように……。肩はどうですか。ちょうどいいじゃないですか？　ちょっと縮めますか？　胸もちょっと縮める？　ぴったりしすぎ？　小さくないですか？　長さはどうですか？」

「ぴったりです」

「袖はもう少し長くしなくていい？」

「いいと思います。今中に着ているのが長いから……」

「ね、いいでしょう」

こんなやり取りを繰り返して、金正日ジャンパーができあがった。

店の責任者と思しき女性は、最初は喜んで迎えてくれ、快く注文に応じてくれた。でも、撮影の話を持ち出したとたん、口数が一気に少なくなった。外国人との接触を見咎められることを警戒しているのだろう。店の周りにはホテルの監視員らしき人が時折訪れ、異変がないかチェックしているようにも見えた。我々も監視員の目を避け、従業員に気をつかいながら、オーダーの過程をデジカムで撮影した。

仮縫いが終わると3日後には完成だ。金正日愛用のジャンパー。気になる価格は、生地代も込みで約1万5000円だった。

洋服店にはオーダーメイド以外に既製服の金正日スーツが何着かあった。注文は思ったより多いようだ。

平壌市内でも男性が着ているのを時々見かけた。女性も着るというが、男性の方が圧倒的に多い。私は上着だけしか作らなかったが、パンツやスカートを組み合わせて、スーツで着る人が多いという。

北朝鮮でオーダーメイドした金正日ジャンパー。でも実は、まだ一度もちゃんと着たことがない。「金正日のトレードマーク」という印象が強過ぎるためだ。北朝鮮との関連を知らない人にとってはただの地味なジャンパーなのだが、それでもこれを着て外に出るのは勇気がいるというのが本音だ。

4　ウズラにナマズ――金正恩御用達レストラン

巨大船上レストラン

東アジアの最貧国、食糧難、餓死……。北朝鮮には食にかかわる多くの否定的な形容詞がついてまわる。でも、平壌にかぎっては食料不足は感じられない。これから紹介するものは、あくまでも特権階級向けの北朝鮮の食料事情である。

平壌中心部を流れる大同江。４階建ての大型船が停泊している。看板には朝鮮語でムジゲ、つまり虹と書かれている。遊覧船かと思いきや、中に入って見ると……。

２階が吹き抜けになったロビーには、革張りの椅子が置かれ、記念撮影する人の姿も見られる。案内カウンターには、ひっきりなしにお客さんが入ってくる。入り口には電子版のメニューも置かれていた。

実はこの船、大同江を遊覧しながら食事が楽しめる船上レストランだ。一度に約１２００人を収容できるという。レストランに入ってみると、店内はほぼ満席だった。オープンから間もないこの日は、祝日とあって食事を楽しむ人たちで満員状態が続いていた。

大同江の船上レストラン

この船上レストランは、朝鮮労働党創建70周年に合わせて15年10月5日に営業を開始したばかりで、この時平壌で最も旬なレストランだった。私たちはオープンからほぼ一週間後のお昼に訪問したが、ひっきりなしにお客さんが訪れ、空席を探し回っていた。

内装も立派で、来ているお客さんの服装も街で見かける人たちに比べ、お金持ちそうな感じだ。

あるテーブルを見ると、照れくさそうな男の子を囲んで大人たちが目を細めていた。一家団欒のひと時だった。テーブルには豚足の茹でたものや、ウズラの丸焼き、パンなどがならんでいた。

私も食べてみたが、こんな朝鮮料理は初めてだった。白い豚足は胡麻塩をつけて食べるのだが、とても柔らかくてコラーゲンたっぷりという感じ。ウズラは朝鮮では丸焼きが一般的で鶏肉以上によく食べられるという。鶏よりも小さいが育ちが速く肥料も少なくて済むのだそうだ。

別のテーブルでは男女２人連れのカップルの姿があった。デートの最中なのだろう。時折見つめ合いながら楽しそうに食事をしている。人々が喉を潤すのは北朝鮮製の大同江ビールだ。客は「ビール２本お願いします」などと次々に注文し、黄色いジャケットのウエイトレスたちも大忙しだ。

船内には他にも、喫茶室や宴会場、お土産売り場などが設けられ、３階の船外デッキからは大同江の眺めが楽しめる。平壌市内を東西に流れる大同江は市民の憩いの場となっている。夏には手漕ぎのボートを楽しむ人たちの姿も数多く見られる。

一見高級そうに見えるが、北朝鮮側の説明によると、このレストランは特に高級ではないそうだ。新規オープンした話題のレストランなので、客たちは特別な場所、という意識で出かけてきている様子だった。北朝鮮では祝日に有名レストランの無料食事券が配られることが多く、今回はここもそうだったのかもしれない。とにかくお客さんが多すぎて、レストラン側も手が回らず、注文の品が来ないと不満を言う人が目立った。

取材の合間に子供たちの娯楽の場を見つけた。川岸に出ている射的の店に、子供たちが集まっていた。白い幕で囲った台の上に置かれた的に、おもちゃの銃で弾を当てる形式だ。日本の縁日で見かけるのと一緒の遊びだ。

射的に興じる子供たち（13年９月）

もともと設定されていた取材ではない。案内人がいない間に子供たちに声をかけてみた。

——おもしろい？

「はい」

店の女性にも聞いた。

——当たったら何がもらえるの？

「タバコ、ガム」

——子供にタバコ？

「子供にはガムをあげます」

——誰が一番うまいの？

こう聞くと、男の子が割り込んできて「ぼくが一番うまいよ」と自慢する。

——何発当てた？

「７発当てました」

——何発撃って何発当たり？

「13発中7発」

——よく遊びに来るの？

「はい」

——ひと月に何回ぐらい？

「20回ぐらい」

料金は1回30ウォン（約4円）ほど。子供たちにとっては身近な娯楽のようだ。

大同江のほとりで目にした平壌の市民たちの憩いのひと時。北朝鮮では難しい、何気ない市民の日常に触れることができた貴重な時間だった。

ナマズ養殖場

金正恩は市民生活を重視する姿勢を、折に触れアピールしている。17年4月、海外メディアに公開されたナマズ養殖場は、全て機械化されているという触れ込みだった。

取材をしてみると、全て機械化されているかどうかはやや疑問だったが、大量のナマズが養殖されていることはよくわかった。北朝鮮の場合、食料事情を改善するのにナマズを育てるというのがユニークと言える。ナマズ以外にも、ウサギとかヤギの飼育が奨励されているが、なぜ牛や豚などの普通の家畜でなくナマズなのか？　そこには北朝鮮ならではの事情がある。

金日成死去後の1994年から98年ごろまで、北朝鮮は大規模な自然災害に見舞われ飢饉が続き、数百万人とも言われる餓死者が出た。飢えとの戦いは、日本植民地時代の抗日活動、「苦難の行軍」にたとえられた。この時に少しでも成長や繁殖が速い生物の飼育に関心が集まった。ナマズやウサギ、ヤギ、ウズラなどが注目されたのも、成長が速く繁殖が簡単だったからだ。費用も牛や豚に比べれば安くてすむというのも大きかったのではないだろうか。

私は北朝鮮でナマズ料理を食べたことはないが、ナマズ自体は淡泊な味わいなので辛い鍋に入れて食べるというのは何となく想像できる。韓国でいうメウンタン（辛い鍋）のイメージだ。それでも、北朝鮮の一般市民がどの程度の頻度でナマズやウサギなどを食べているのかは正直よくわからない。

平壌のナマズ養殖場は金正恩が2014年に拡張工事を指示した。養殖場に入って見ると、最初の部屋には最高指導者による視察の写真が何枚も展示されている。

この工場、もとは金正日が発電所の排水を使ったナマズの養殖を計画したと言い、館内には金正日が視察した当時のナマズの標本も展示されていた。ナマズ養殖の理由について工場の責任者はこう説明する。

金正恩が拡張工事を命じたナマズ養殖場

「ナマズがまず生産性が高くて栄養価がすごく高い。それに発電所の排水を利用することができる」

「ナマズは成長が速いため、食料不足の解消に役立つ」

養殖場の総合指令室は、全て機械化され、コントロールセンターで管理しているという。コントロールセンターにある大型モニターには、水温やペーハーなど生け簀《す》の状況を表す数値が時々刻々と映し出されていた。

「(年間生産量)２０００トン規模でスタートしましたが、その後は偉大な金正恩元帥様が改築指導され、２５００トンになり、今後は３０００トンを目指しています」

誇らし気に語る責任者。しかし、疑問を感じる点も……。

正面には巨大なモニターで温度が表示されている

が、その手前にはパソコン画面しかなく、コントロールできる状態になっていない。大型モニターの前面にあるのは3台の普通のデスクトップパソコンのみ。しかも、ウィンドウズの起動画面のままになっていた。言葉と実態があっていない感じだ。

ナマズは卵を人工ふ化させ、稚魚から成長するまで段階別に飼育される。屋内と屋外併せて130個の生け簀があり、作業員が手作業でナマズに餌を与えていた。水温などは全てコンピューターで制御されているというが、餌は人の手でまかれており、どこまでが機械化されているのか、現場では詳細まで確認できなかった。

成長したナマズは鍋料理としてレストランで提供されるほか、ソーセージ、缶詰などに加工されている。以前は生産量が少なかったが、今はだいぶ増えて市民たちに毎月提供できるようになったと、工場の職員は話していた。

すっぽん養殖場で金正恩が激怒

金正恩は農場や工場の視察を定期的に実施し、市民生活を重視する姿勢をアピールしている。しかし、視察の結果にいつも満足しているわけではない。

食生活に関して、金正恩を象徴する場面として忘れがたいのが、すっぽん養殖場の視察での激怒だ。

15年5月、金正恩が平壌のすっぽん養殖場を訪れた際、北朝鮮メディアはこう報じた。

「金正恩同志は工場の衰退は驚くべき程度だと述べ、こんな工場は初めて見たと激怒されました」

「施設の運営状況が指示通りに進んでいないことに激怒し、『電気、水、設備の問題で生産を正常化できないというのは話にならない』と現場幹部を厳しく叱責した」

金正恩が視察の場で「怒った」のが伝えられるのは異例のことだ。映像を見ると表情もいつになく厳しく、身振りも激しい。ここも気に入らない、あそこもだめと文句をつけている様子が妙にリアルだ。逆鱗に触れた当時の支配人は、終始うなだれ、見ている方が辛くなるほどだった。

普段の視察では、いつも喜んでいる印象を与えるが、これはあくまで宣伝用だ。金正恩を怒らせたら身の破滅……。そう考えると、北朝鮮の人たちにとっては海外メディアの取材なんかより、金正恩の視察の方がずっと大変に違いない。

北朝鮮消息筋によると金正恩の視察があると決まれば、対象となる工場や事業所は金正恩を失望させないように徹底的に準備するという。例えば水産加工場であれば、事前に大量の水産物を買い集め、いかにも事業が上手く行っているように見せかけるのだ。ただ、こうした措置はあくまで一時しのぎのため、金正恩の視察が終わった後に窮地に追い込まれ、姿を消す幹部も少なくない。

旧ソ連や今の中国もそうだが、社会主義国の場合これまでも統計のデータが水増しされ報告されるケースが多々あった。金正恩の視察の場合も、当事者が少しでも良く見せようとして現状とは違う状況が報告されている可能性があることは否定できない。

なぜ通常の視察とは異なる金正恩の姿をあえて報じたのだろうか。すっぽん工場での激怒報道には内外の注目が集まった。だが、北朝鮮側は金正恩のイメージダウンを懸念したのか、数ヵ月ごとにまとめられる金正恩記録映画では「激怒」という表現は消えていた。

金正恩の怒りを買った養殖場の支配人はどうなったのか。指導部のメンバーではないので動静の詳細は不明だが、処刑された可能性が高い。支配人粛清に至る過程には何らかの内部告発があったと考えられる。こうした状況を生む背景には、金正恩への忠誠競争が激化し、足の引っ張りあいが生まれやすくなっていることがある。

北朝鮮の定番グルメ

平壌名物の食事と言えば、外せないのが玉流館の冷麺だ。地元・平壌市民から外国人観光客まで、いつも大勢のお客さんでにぎわっている。

玉流館は金日成や金正日も何度も訪れた超有名店だ。名物の平壌冷麺は、チェンバンと呼ばれる直径30センチほどの大きな器に鶏肉や卵、野菜と共に麵がたっぷり入っている。麵の量は200グラムからお好みで選べるが、男性の場合、お代わりしなければ北朝鮮では、「男じゃない」と言われてしまうとか。韓国の冷麵と比べるとスープがピリ辛なのが平壌冷麵の特徴だ。これに緑豆チジミとアイスクリームがついて、6ユーロ（約800円）だった。外国人は一般客とは別室で値段も外国人用になる。

平壌の老舗冷麵店に続いて紹介するのは、12年9月にオープンし人気を集めているというヘマジ（日の出）食堂だ。入り口でチマ・チョゴリ姿の女性が迎えてくれる。1階はスーパー、2階は喫茶店と洋食レストランとなっていて、金正恩も視察に訪れた。主に党幹部や富裕層が利用する、人気のレストランとして知られている。

ヘマジ食堂のメニューはキムチなど伝統的な北朝鮮料理に加えて、メインは洋食が中心だ。牛タンのオーロラソース和え、豚足の中華風などバラエティに富んだ料理が並ぶ。お店一番のおススメ料理は、牛鉄板焼き・コショウソースだ。目玉焼きと野菜が付け合わせになっていて、金正恩もお気に入りのメニューだという。

食べ方を聞いてみると……。

「ご飯とおかずを混ぜてお召し上がりください」

盛り付けのまま食べるのではなく、ビビンバのように全てを混ぜるのが北朝鮮流だ。料

開城のレストランで供される宮廷料理

理を運んできた店員は、牛肉にソースをかけると、慣れた手つきでご飯と混ぜ合わせる。金正恩の一押しメニュー、味はというと…。

「コショウのソースが効いたステーキの混ぜご飯風」だった。

金正恩の就任後、平壌にはハンバーガーショップや、高級鉄板焼きレストランなど、西欧風の味を取り入れた店が次々に登場している。中国人観光客が増えたためか、中華風のメニューを提供する店も多い。

一方、地方では伝統的な宮廷料理が観光客の人気を集めている。開城では、高麗時代の家屋をレストランとして利用していた。風情のある伝統家屋で、各種ナムルやキムチ、肉と野菜の煮込みやおこわなど10種類以上の小皿がお膳に並ぶ宮廷料理が楽しめる。朝鮮風のお味噌汁とご飯も併せると、食べきれないぐらいの量だ。

日本料理が食べたくなった場合も心配はいらない。平壌駅前から近いビルの一角にあるのは、その名も「総連・駅前食堂」。在日朝鮮人総連合会（朝鮮総連）が11年に平壌駅のすぐ前に開業したレストランだ。朝鮮総連の経営ということもあり、だし巻卵やお好み焼きなど日本風のメニューを豊富に取りそろえている。中でも人気なのはお好み焼きだ。キャベツたっぷりの具に、濃い目のウスターソースにマヨネーズ——日本の味そのままだ。

北朝鮮レストランといえば公演も欠かせない。

駅前食堂では従業員の女性だけではなく、厨房の男性従業員も登場して歌を披露する。興が乗ればお客さんも参加して一緒に歌ったり踊ったりして楽しむのが、北朝鮮レストラン特有のスタイルだ。この日もお店は超満員で人気の高さが窺えた。

私たちが見た、いや見せられたこれらの場面だけで北朝鮮全体の食事情を論じるのは無理がある。外のレストランを利用できるのも、ごく限られた富裕層であることは間違いないからだ。庶民は食卓にどんな料理を並べて食べているのか、地方の事情はどうか。実態が見えないもどかしさが常に残る。

第4章

統制強化と地方格差

朝鮮労働党創建70周年の式典で松明を持って行進する学生たち（15年10月）

1　エリート教育の光と影

徹底した「指導者崇拝」

金正恩が打ち出した「核開発と経済の並進路線」というスローガン。前述したように核兵器の能力を向上させるとともに、経済建設にも力を入れるという、我々にとっては何とも迷惑な方針だが、金正恩の号令の下、北朝鮮は本気でこの道を追求している。これらの国家目標を支えるのが、北朝鮮のエリートだ。

まずは北朝鮮の教育制度を見てみよう。北朝鮮にも義務教育制度があり、幼稚園1年、小学校5年、中学校6年の12年制となっている。北朝鮮の中学は、日本の中学・高校にあたるわけだ。この間に徹底した指導者崇拝教育が実施される。幼稚園から始まって幼少時から繰り返し、金日成や金正日を神格化するエピソードや業績を教え込まれる。また、社会主義道徳など北朝鮮独特の科目もあり、世界に羨むものはないという北朝鮮優位の価値観を植え付けている。

金正恩の神格化も加速している。

我々が２０１５年に入手した北朝鮮の小学２年生の国語の教科書には金正恩のこんなエピソードが掲載されていた。

「フニの図画工作帳」

少年フニの新しい家を訪れた金正恩がフニに絵の描き方を教えたという題目だ。

――敬愛する元帥様はフニの傍らでここに花を描いたらいい、色は何色がいい、と一つ一つ教えてくださいました。フニは「敬愛する元帥様！　元帥様が教えてくださったとおりにきっと素晴らしい絵を完成させます」と誓いました――。

この時、金正恩が訪問したのは、12年に完成した平壌の倉田通りの超高層住宅。我々が翌年夏に取材したのと全く同じ住宅だった。

倉田通りは平壌の高層マンション建築ラッシュの先駆けとなった場所だ。マンションの入り口には金正恩の指導で建てられた住宅であることを示す看板が掲げられ、「金正恩同志が指導した建物」と書かれている。

当時、我々が取材した労働者の家庭が、教科書にも紹介された「フニ」の家だった。フニ宅のリビングには金正恩から贈られたというソファや液晶テレビが置かれ、壁には金日成・金正日の肖像画が飾られていた。中でも一番の目玉は金正恩が夫妻で訪問した際、家族と一緒に撮った記念写真と、直筆の手紙だ。

フニの父親は金正恩夫妻の訪問を、全く予想していなかったと語った。

「家族4人と親戚で5部屋の家に住んでいる。ある時、家に突然、金正恩元帥様が視察に来られた。びっくりしたが子供にも声をかけて話をしてくれた。ありがたいことだ」

子供部屋には教科書に出てきたとおり、金正恩がフニに教えた絵が描かれたスケッチブックもあった。フニに聞くと……。

「(李雪主夫人が持ってきた)ギョウザが美味しかった」

「僕の家は(友達の家と比べても)一番いいよ」

フニの父親は平壌市で清掃関係の仕事につく、ごく普通の労働者だという。高層住宅の建設は金正恩時代の豊かさの象徴であり、だからこそ教科書にも採用され、宣伝されているのだ。

今度は小学3年生の国語教科書をみてみよう。

冒頭に「我が党と国では愛する少年団員は金貨よりも大事な宝であり、希望と未来の全てです」という金正恩の言葉が紹介されている。また、「愛の翼」と題する章には、全校17人しかいない山奥の小さい学校から少年団行事の代表に選ばれたチョル・ヒョクが、金正恩の配慮で特別機に乗り、遥か遠くの平壌を訪問できて大感激するエピソードが掲載されている。13年頃から次第に、金正恩の人民に対する愛情を強調する記述が教科書に増えてきた。金日成、金正日の偶像化教育に加えて、正恩への個人崇拝が教育の分野でも急速に進んでいるのがわかる。

道徳の教科書には次のように書かれている。

「敬愛する金正恩元帥様は我々青少年たちを一番愛し、暖かく懐中で見る慈愛に満ちた父親です」

「金正恩元帥様に高く仕えることはその懐中で育った我々の一番の道理で、崇高な道徳です」

教科書の中で金正恩を讃える際に目立つのは、子供たちへの深い愛情を示すエピソードで、各学年で紹介されている。ただ、祖父・金日成や父・金正日とは違い、「金正恩の革命業績」として金正恩の名前を付けた科目はまだない。

幼稚園からずっとこういう形で指導者や党への忠誠と、社会主義的道徳観を叩きこまれる北朝鮮の子供たち。金正恩への個人崇拝が簡単には揺るがないのも無理はない。

科学エリート養成

金正恩が特に力を入れているのが、科学エリートの養成だ。

北朝鮮の核・ミサイル開発を支える理系の英才たちがどのような教育を受けているのか、

その現場を取材した。

我々が案内されたのは「金正恩元帥様、ありがとうございます」と書かれた看板が掲げられた白い建物だった。ここ平壌第一中学校（以下、平壌一中）は、北朝鮮全土から選抜された優秀な学生が集まるエリート養成校である。

金正恩は幹部らに与えた指示をまとめたマルスム＝お言葉の中でも、平壌一中に何度も言及し、中等教育における最高レベルの教育機関となるように指示している。金正恩が最も重視する学校なのだ。

♪タンスメ、タンスメ〜、タンスメ!!（一息、一息、一息にやるぞ!!）

校内に入ると、学生たちが元気いっぱいに金正恩を讃える歌を披露し歓迎してくれた。

平壌一中では金正恩の命を受け、科学や物理、コンピューター教育に力を入れている。このため、理科系を熱烈に志望する学生がたくさん集まることでも有名だ。校長によれば、卒業生のほとんどが金日成総合大学、金策工業総合大学など北朝鮮の名門大学に進み優秀な成績を収め、大学卒業後は科学者として活躍しているという。国のために大きな仕事をする人材を多数輩出している、というのが自慢のようだ。

10階建ての本校舎の中に入ると、正面には金日成と金正日の肖像画が掲げられていた。理系教育を重視する学校らしく、コンピューターを学ぶ子供たちの姿が描かれている。実

平壌一中の授業風景。北朝鮮全土から集められた優秀な生徒が学ぶ

はこの学校、金正日が６年間学んだ母校でもあるのだ。

中学から高校まで６年間の一貫教育で、訪問時（２０１５年10月）は１２００人の学生が学んでいるということだった。

学生たちに将来の希望を聞いてみた。

「敬愛する金正恩元帥様に喜びを与えられる人になりたい」

「我が国を輝かせる科学者になりたいです」

「人工衛星を発射する研究者のように、国の科学を発展させる研究者になりたいです」

「勉強して国の名誉を世界に示す人になりたい」

ほとんどの学生が判で押したように、国の威信を高めたい、科学者になって金正恩を喜ばせたい、と答えた。

教室をのぞいてみると……。生徒たちが真剣な顔つきで勉強中だった。机の上にはノートや教科書が何冊も積み重ねられている。ノートにはびっしりと化学式が書かれていた。理系の分野ではかなりハイレベルの授業を受けているようだ。

北朝鮮の物理の教科書を見てみよう。

表紙には北朝鮮のミサイルと衛星が描かれている。さらに、核や宇宙開発、情報技術開発の全ての基礎として、物理学の重要性が強調されていた。「ロケットの運動」と題された章には、「北朝鮮は他国とは違う朝鮮式のミサイルを開発すべきだ」という金正日の言葉を引用し、特別に1章を割いて、ミサイル発射の基本原理などを詳しく紹介している。また、情報技術という科目があり、中学生からコンピューターの基礎を学ぶなどIT教育にも力を入れているのがわかる。

学生たちは1日6時間授業を受けた後、教科書やコンピューターなどを利用して自習するという。北朝鮮が誇るエリート学生だけに、入学後も勉強漬けの毎日が続くようだ。

平壌一中で使われている化学の教科書

一方、英語の教室では……。

先生「He could contact to me, make sense?」

生徒「Yeah」

北朝鮮に対し敵視政策を取っているとアメリカを常に批判している北朝鮮だが、この学校では積極的に英語教育に取り組んでいる。

生徒にインターネットやフェイスブックを知っているか聞いてみると……。

――インターネット使っている？

「インターネット……？」

――フェイスブックは？

「フェイスブック……？」

北朝鮮でもインターネットは利用されている。だが、非常に制限された形での運用だ。北朝鮮では外部のサイトに自由にアクセスすることは許されず、通常は北朝鮮の中だけで運用されるサイトしか見られない。インターネットという用語は使わずに、「網」と呼ぶ。ネットを意味する中国語をそのまま朝鮮語にして使っているようだ。ＩＴ技術の多くが中国から入ってきたことを窺わせる一例だ。学生が使う、学習用のインターネットは通常「学校網」と呼ばれている。生徒たちはインターネットという用語も知らないし、フェイスブックの存在など想像もできない。怪訝そうな受け答えになってしまうのも無理はない。

コンピューターの教科書で、学校網に接続する方法を見てみよう。まずIPアドレスを設置。北朝鮮のWEB閲覧サイト「ネナラ（私の国）」から学校のホームページを開き、IDを入力して閲覧の許可を得る。国家のコンピューター網に接続する平壌星と呼ばれるサイトもあるが、こちらもいちいち閲覧の許可を得てからサイトに入る仕組みになっている。あくまで北朝鮮内部だけで使用するLANのような形で運用されており、Yahoo!やグーグルなど海外のポータルサイトにはつながらない。そうした外部のネットを利用できるのは、幹部や技術者などごく一部の人だけで、厳しく情報統制されている。

つまり北朝鮮版のWEB閲覧サイトはあっても、そこから海外のサイトには接続できない。以前、グーグルの会長が北朝鮮を訪問した際には、北朝鮮がインターネットを開放するのではないかと注目されたが、結局、実現しなかった。インターネットをオープンにしたら、金正恩体制を批判する情報が大量に流入し、体制を脅かす恐れがあるからだ。IT教育を強化し物理や化学教育を重視する北朝鮮だが、制裁の影響で先端技術の取得は困難になる一方だ。世界レベルの科学強国をめざすという金正恩の夢の前には大きな壁が立ちはだかっている。

サイバー攻撃能力はハイレベル

平壌一中は日本の中学・高校にあたり、北朝鮮全土から優秀な学生が集う。北朝鮮の名門中の名門として有名で、数学の国際オリンピックで優勝した学生もいるというから、世界的に見てもかなり高レベルの学校と言える。

優秀な学生として難関を勝ち抜き、平壌一中に進学した生徒たち。この学校に入るのは大変だったのではないかと聞くと、「とても苦労しました」「はい、一生懸命勉強しました」と答えた。

照れくさそうに笑う学生たちの素顔は、ごく普通の若者に見える。だが、彼らは未来のエリートとして核兵器やミサイル開発、さらにはサイバー攻撃などの分野で要職に就く可能性が高いのである。

「サイバー攻撃は核・ミサイルと共に軍の打撃力を担保する万能の宝剣だ」（金正恩）

金正恩が「万能の宝剣」と言うだけあって、北朝鮮のサイバー攻撃能力は相当ハイレベルだ。韓国の情報機関・国情院などによると、朝鮮人民軍傘下の偵察総局のさらに下に、6800人規模のハッカー部隊が存在する。その中核となるのが「121部隊」だ。幼い時から英才教育を受け訓練を積んだ精鋭部隊で、中国を中心に海外にも活動拠点がある。約1100人が海外で活動しているという。アメリカのソニー・ピクチャーズエンタテインメントへのハッキングや世界で同時多発的に発生した「ランサムウェア」という身代金要求型のウイルスを使用したサイバーテロは、この121部隊の犯行と見られている。その能力はアメリカ中央情報局（CIA）に劣らないとの指摘もあるほどだ。

最近では金融機関を狙ったサイバーテロで巨額の外貨を強奪しているとの疑惑がもたれている。16年にはバングラデシュ中央銀行が不正送金で8100万ドル（約92億円、当時）を強奪されたほか、エクアドルやベトナムなど世界18カ国の銀行で〝サイバー銀行強盗〟の被害が相次いだ。

北朝鮮も子供の教育には非常に熱心だ。親は子供をいい学校に入れようと必死だし、受験競争も熾烈だ。幹部の子弟などがコネなどを使って名門校に入学するケースもあるというが、この平壌一中の場合は、入学してから授業についていけるかが問題になるので、そうしたコネも利かないという話だった。ただ、トップクラスの学生となると、また別の問題が生じる。エリートとして優遇はされる一方、核やミサイルの開発に従事させられ何年もの間一般社会から隔離されてしまうのだ。軍事機密が外部に漏れないようにするための措置だが、人間的な生活はできなくなる。それが嫌なので、わざといい成績を取らないようにする学生もいるそうだ。優秀であればあるほど、自由な生活が送れない。北朝鮮エリートを悩ませるジレンマがそこにある。

「青年重視」というデマゴーグ

白頭山英雄青年突撃隊。

金正恩から英雄と讃えられる若者たちがいる。彼らは、北朝鮮最北端の両江道で水力発電所の建設に従事し、13年越しの工事を完成させた。02年から始まった建設は、零下30度に冷え込む酷寒の気候と厚い岩盤などの地理的条件に阻まれ、難航に難航を重ねてきた。

金正恩は15年10月10日の朝鮮労働党創建70周年までに、建設を完成させるよう檄を飛ばし、全国から建設志願者を募った。若者の愛国心と忠誠心に訴えた結果、大学生、軍人、青年団体などから多くの若者が建設に参加。過酷な条件の下で想像を絶する〝速度戦〟が展開され、記念日の1週間前に竣工式の開催にこぎつけた。

「厳寒に運搬手段まで凍りつくと各種のそりで輸送路を切り開いた突撃隊員たち、西頭水(両江道を流れる川)の身を切るような冷たい水の中に飛び込み、全身が『氷柱』となってレールを支えた決死隊員たちをはじめ、発電所建設のためにささげた青年たちの革命性と犠牲的精神、愛国心を前にしては誰しも頭が下がるでしょう」

「わたしは、青年突撃隊員たちの誇らかな闘争ぶりを見て涙が出るほどみなさんのことをありがたく思い、みなさん一人ひとりをあの空まで抱き上げてやりたい気持ちを抑えることができませんでした」

金正恩は突撃隊員を絶賛し、完成した発電所を「白頭山英雄青年発電所」と命名した。白頭山英雄青年発電所は16年までに3号発電所が完成したとされる。三つの発電所で合計10万キロワットの出力を想定し、周辺地区の電力不足解消をめざしたが期待通りの成果は出ていない。いずれの発電所も完成直後から漏水やダム壁の崩壊、発電機能の低下などの欠陥が相次いで露呈した。鳴り物入りで完成を披露したものの、まともに稼働していないのが実情だ。そもそも建設知識のない若者を大挙動員して、短期間に無理して完成させたわけだから、手抜き工事が横行してもおかしくない。大衆動員と速度戦による建設の弊害が一気に噴き出した形だ。

韓国の国情院は15年11月、金正恩の最側近、崔竜海《チエリヨンヘ》が地方の共同農場に送られ、革命化教育と呼ばれる思想教育を受けさせられているとの見方を示した。白頭山発電所で土砂崩れが起き、漏水が発生した責任を問われたという。電力不足解消にはほど遠い結果だが、これ以降も、金正恩は「青年重視」の宣伝扇動活動を大々的に展開し、若者の忠誠心や愛国心を煽って建設現場などへの動員を繰り返している。

若者の間で金正恩への個人崇拝が急速に進んでいるのを実感したのは、同じ朝鮮労働党創建70周年の松明行進の取材だった。平壌周辺の学生ら1万人以上が参加し、トーチを手

朝鮮労働党創建70周年を祝してマスゲームを繰り広げる学生たち（15年10月）

に金日成広場で壮大なマスゲームを繰り広げた。開始直前、大粒の雨が降り出し、開始が30分遅れた。メディアや観客らが近くの建物の屋根の下で雨宿りしている間、学生らは外に立ったまま。気温が急速に下がり、吐く息が白くなるほど冷え込んでいたが、学生らは白いシャツ一枚の制服姿で耐えるしかない。

♪行こう、行こう、白頭山へ行こう。

♪我々を呼ぶ、白頭山へ行こう

どこからともなく歌声が聞こえてきた。学生らが雨に濡れながら、金正恩を讃える歌を歌い、士気を鼓舞していたのだ。20時半に雨がやみ、ようやく行事が始まった。その時まで学生らの歌は絶えることなく続いていた。

両手にトーチを持ち、「金正恩同志万歳、朝鮮労働党万歳」と大声で叫びながら行進する学生たち。その後も「青年前衛、青年英雄」「金正恩、決死擁護」などのスローガンを叫びながら、人の波がうねるように広場を埋め尽くしていく。

ひな壇に金正恩と、来賓の劉雲山・中国共産党常務委員（当時）が登場すると、マンセーの合唱が沸き起こった。途中、再び雨が激しくなったが、行事は継続。学生らはびしょ濡れになりながら走り回る。クライマックスに近づくにつれ、熱狂が高まり何人もの学生が涙を流しながら飛び跳ね、金正恩万歳を叫んでいる。異様な興奮と陶酔に我を忘れているように見えた。

北朝鮮では宣伝扇動で人心をコントロールし、巧みに体制を維持し続けてきた。金正恩も同様の手法を取っているが、若者をターゲットに思想教育を強化しているのが特徴だ。若い世代に金正恩への忠誠心を徹底的に植え付けながら、世代交代を進める。「青年重視」は金正恩体制の長期化をめざす布石なのだ。

2　北側から板門店をみる

韓国と北朝鮮の軍事境界線にある板門店で17年11月13日、北朝鮮側に不審な動きが発生した。小型の４輪駆動車が猛スピードで72時間橋を通り過ぎる。北朝鮮軍兵士の哨所、板門閣の前でも車は止まらない。そのまま軍事境界線へと向かっていく。監視カメラが切替わると、軍事境界線の10メートルほど手前で脱輪し車が立ち往生していた。共同警備区域（ＪＳＡ）で警戒中の北朝鮮軍兵士が駆けつける。と、その時、車から兵士が飛び出し、猛ダッシュで韓国側へと逃走した。逃走を阻止するため、北朝鮮軍の兵士４人が40数発を発射。逃走兵は韓国側に50メートルほど入ったところで倒れ、韓国軍の兵士に救助された。監視カメラが捉えた北朝鮮兵士の逃走映像は、板門店が今も南北が対峙する緊張の最前線であることを改めて示した――。

「緊張のＪＳＡ！　板門店ツアー」「韓国と北朝鮮のボーダー、緊迫の北緯38度線！」

韓国旅行の際にこうしたツアーに参加し、「板門店」を訪問した人も多いことだろう。板門店は１９５３年７月に朝鮮戦争の休戦協定が調印された場所で、ソウルから北に約50キロ、北朝鮮の開城から東に約10キロの非武装地帯内にある。

朝鮮半島を二つに分ける非武装地帯は、軍事境界線に沿って幅２キロずつ（計４キロ）、全長２４８キロに渡って設けられている。そして板門店の非武装地帯の中にＪＳＡがあり、南北が共同で管理している。南北分断の象徴となる場所だ。

板門店の韓国側は米韓軍からなる国連軍が管理している。韓国のツアーでは無表情な国連兵に付き添われ、2列を崩すなとたまに注意されながら、JSAで唯一国境を越えられる南北の会談場へ向かう。南北の国境線上は双方の兵士が警戒にあたっており、ピリピリした空気に包まれている。観光客は会談場を見学し、韓国兵の周りで写真を撮って帰るというのがお決まりのコースだ。

板門店からは北朝鮮の地を眺めることができるが、山は木のない禿山で、建物も人も少なく閑散としている。活気に満ちた韓国の繁華街と比べれば、その差は歴然だ。南北を分かつこの場所から、休戦状態が今も続いていることや、南北の経済格差、食料事情の差が生んだ体格の違いを感じることができるのが、JSAツアーの醍醐味と言えるだろう。

JSAを北朝鮮側から眺めると、どう見えるのだろうか。私は2015年8月17日、板門店の北朝鮮側を訪問した。

平壌からおよそ200キロ。「自主統一」と書かれたゲートをくぐると板門店の入り口に到着する。北朝鮮兵士が目を光らせていて、南側とはまた違った緊張感だ。

案内役の兵士が言う。

「米国は非武装地帯南側を久しい以前から軍事地帯にし、我々に対する挑発を絶え間なく続けています」

板門店で警備にあたる北朝鮮兵士（15年8月）

「皆さんの身辺の安全のためにここから武装した兵士が同行します」

非武装地帯からJSAへ向かう途中に、朝鮮戦争の休戦協議場、休戦協定調印場があり、当時の様子を残している。

続いてJSAへ。板門店のJSAには南北が管理する7つの建物があり、その上に軍事境界線が走っている。ここで、兵士の数が一気に増えたように見える。

警備中の兵士はこう強調した。

「いつ核戦争が起きてもおかしくない状況だ」

「核戦争を防ぐには米国と平和協定を結ぶしかない」

北朝鮮から見た軍事境界線。正面にあるコンクリートの建物は自由の家と言われる韓国の施設だ。中央に青い3棟の建物、その脇に白い建物が建てられ、兵士が立っている。真ん中に引かれた幅40センチのコンクリートの線が38度線（＝軍事境界線）だ。

北朝鮮の兵士は、正面と建物の真横に立ち、微動だにしない。韓国側の兵士は北朝鮮側の攻撃を避けるため、建物の陰に隠れるように立っている。

実はこの時も、南北関係は極度に緊張していた。

同月4日の朝、20代の韓国軍兵士2人が京畿道坡州市の韓国側非武装地帯を巡回中、地雷を踏み、1人は片足を、もう1人は両足を切断する重傷を負った。

韓国軍が調査したところ、軍事境界線から韓国側に440メートル入った場所にある鉄柵の門付近で、地雷が3個爆発した。地雷は新しいもので、北朝鮮軍の木箱入り地雷と一致した。現場付近は通常、兵士が巡回する場所で、爆発時までは異常はなかったという。韓国側は悪天候のため3日間巡回を控えていたことから、その間に地雷が埋められたと考えられた。付近の地形を見ると南側の高度が高く、風雨などの影響で北朝鮮側から地雷が移動してきたとは想定し難い。韓国軍は「われわれに危害を加える目的で意図的に埋めたのは確実だ」とし、北朝鮮の犯行と断定した。

韓国軍は報復措置として、対北宣伝放送を11年ぶりに再開。北朝鮮側は猛反発し、韓国側に砲撃を加え、前線地帯に「準戦時状態」を布告した。また、宣伝放送を中止しなければば軍事行動を取ると警告し、極度に緊張が高まった。

ただ、この時は、北朝鮮側から南北高官会議の提案があり、両者が板門店で協議。その結果、▽北朝鮮が地雷爆発事件について遺憾を表明して前線地帯の「準戦時状態」を解除する、▽韓国は拡声器による宣伝放送を中止する――ことで合意に達し、一触即発の緊張は緩和された。

私が板門店に入ったのは、ちょうどこの協議が始まる5日前だった。周辺では宣伝放送の音は聞こえなかったが、静かな中にも何とも言えない緊張感が漂っていた。

軍事境界線を挟んで南北が対峙し、いつ何が起こるかわからない板門店。南北分断の象徴でもあるこの場所では、常に一触即発の危険と背中合わせの状態が続いている。

神経尖らせる「南の宣伝放送」

板門店の韓国側には韓国軍を中心とした国連軍の兵士が常駐し、休戦状態の監視にあたっている。韓国側の兵士は憲兵と書かれたヘルメットをかぶりサングラスをかけていて、表情を北朝鮮兵に読み取られないようにしている。また、南北の兵士は軍事境界線を越えたり、会話を交わしてはいけないことになっている。

実は、この軍事境界線の周辺には南北ともに人が住んでおり、韓国の場合は休戦当時の住人の子孫が住むことが許されている。一方、北朝鮮側には宣伝村があり、北朝鮮の繁栄を誇示するために高層アパートや工場などが建てられているという。この時南北の緊張が高まったのは、韓国側が宣伝放送を再開したことに北朝鮮が猛反発したのが原因だった。

宣伝放送とはどんなものなのか？

韓国側の宣伝放送は金正恩の圧政や人権弾圧などを非難し、韓国の自由さ、豊かさを伝えて韓国の体制の方が優れていると宣伝する内容だ。最新のニュースや流行歌なども流す。北朝鮮の軍人や住民に聞かせ、金正恩体制の足元を揺るがす心理戦の一環となる。

実際に放送を聞いた脱北者はどう感じたか。

「実際に北朝鮮に住んでいるときに聞いたこともあるし、放送を直にやっている非武装地帯（DMZ）付近で畑仕事をしながら、直接近距離で聞いたこともある。いろんな体験をしました」

こう語るのは00年代に北朝鮮を脱出し、現在は韓国で暮らす脱北者の金聖柱（仮名）だ。

「1980年代からあってずっと昔からやっていたんですよね。韓国が北朝鮮向けに放送をやると同時に北朝鮮も負けずに、対南放送という感じで、昔からずっと続けていたんです。競り合いですよ。

2004年に南北が宣伝放送の中止で合意するまでは、DMZ付近で、大音声の宣伝放送が昼夜流されていたのです。ボリュームがすごい大きい。音と音の戦争ですよ。南北とも、相手側が飛ばしてくる音を防ぐには音を出すしかないわけ。大砲で撃って発信源をなくさない限り、音は消せない。だからボリュームの上げ合いなんです。でもね、何かを伝えようとしても聞き取れないので、結局、お互いが歌を流し出したんですよ。韓国側は韓国の歌、北朝鮮側は北朝鮮の歌という感じで」

金聖柱によると、北朝鮮住民は「農村支援」として、年2回、春と秋にはDMZ付近の農地に動員され、畑仕事に従事する。このため、韓国からDMZ付近に流れ込む放送を自然と聞くことになる。K－POPなどの音楽だけでなく、北朝鮮の体制に対する批判や、脱北を呼びかける内容の放送も耳にするという。

「DMZ付近の北朝鮮軍人向けに、闇に伏せられた金正恩体制の悪口とか、『朝鮮民主主義人民共和国』には存在しない本当の民主主義とか、講義のように放送するんですよ。そんなものは、北朝鮮住民の多くは知らない。他には韓国の自慢話。韓国の軍事力がこれぐらい向上しているとか」

時に、脱北者が韓国側の放送を読み上げたり、韓国側に寝返った北朝鮮の軍人が担当することもあるそうだ。

「放送はビラとは比べ物にならないぐらい効果があります。ビラは飛ばして、北朝鮮住民の手に取らせなければなりませんが、音声なら北朝鮮住民が畑仕事をしながら知らないうちに耳に入るわけです。そのうちに、自分も知らないうちに韓国の歌を口ずさむようになってしまう。すると北朝鮮の歌よりも、韓国の歌の方がより親しみやすく自然なので『韓国の歌はいいな』となります。その韓国という国はどういう国なのか好奇心も湧き、徐々に洗脳されていく、というわけです」

金聖柱は畑仕事に動員された際に、女子大生とも一緒に仕事をしたという。宣伝放送がバンバン流されているため、絶対耳にしてはだめだ、無視せよ、と指導された。でも、あまりにもボリュームが大きく、聞くまいとしても耳に入ってしまう。横で働いている女子大生がいつの間にか、鼻歌で韓国の歌を歌っていたこともあった。本人は周りから「あなた、いったい何歌っているの？　韓国の歌ですよ！」と指摘され初めて、はっと気づいたという。

「軍人の場合も同じです。DMZ付近の部隊で勤務をしていた除隊軍人が知り合いにいるんですが、その人の話を聞けば、軍人たちに向けて『こちらに来い』と呼び寄せるような放送も結構あるらしい」

放送は朝も昼も夜も、24時間流される。時間帯に合わせて、夜には静かな音楽、昼には派手な音楽が大音量で鳴り響く。韓国歌謡以外にも北朝鮮では禁じられているジャズなどの音楽もあるとされる。

逆に北朝鮮側は、韓国向けの宣伝放送で韓国式のなまりを使っている。女の子が韓国式の言葉とかイントネーションを使って放送したりもする――。

金聖柱の証言を聞くと、宣伝放送は北側の住民に対する浸透力が強く、宣伝効果がかなりあることがわかる。音は自然に耳に入ってきてしまうので、意識しなくても刷り込まれてしまう。音楽は耳につきやすい。体制礼賛の歌が多い北朝鮮と違って、韓国の歌は親しみやすいため、そこから韓国に興味を持つことが多いようだ。

板門店から逃走し韓国に渡った兵士も、Ｋ－ＰＯＰの歌を聴いたことが、韓国側への亡命を後押しする要因になったと見られている。

3　電力不足はこれで解消

街を覆う太陽光パネル

食料不足とともに、この国の代名詞になっているのが「エネルギー不足」だ。北朝鮮を訪れるたび停電や節電の現場に遭遇し、それを実感した。

北朝鮮では核実験や弾道ミサイル発射に伴う国連の経済制裁によって、深刻なエネルギー不足が続いている。このため、職場や家庭で徹底的な電力の節約が呼びかけられ、太陽光パネルが普及した。

平壌の表通りはさておき、裏通りのマンションのベランダには太陽光パネルを設置している家が少なくない。

平壌を代表する宿泊施設、高麗ホテル。45階建てのツインタワーで500室の客室がある。客室には大きな鏡が設置されており、その大きさゆえ、「この鏡はマジックミラーで、中に人がいて、宿泊客を監視しているのでは」という噂が根強くある。

客室から外を眺めてみると、周辺の建物の窓から四角い形のものが突き出ている。形からして太陽光発電のパネルのようだ。アパートらしきビルの窓に6台、また別のビルには、温水加熱器と太陽光パネルの両方が設置されているのが見てとれた。

平壌では、これまでも道路沿いに太陽光発電の街灯が設置されていたが、個人の住宅でも太陽光パネルが利用されているのが初めて確認できた。太陽光発電パネルは住宅だけではなく、板門店など、北朝鮮軍の施設でも使用されていた。

金正恩が建設を進める平壌の高層マンション。電力不足が高じれば、高層階への上り下りなど住民生活にもろに支障がでる。節電は死活問題だ。このため、ホテルも含め高層ビルのエレベーターは運行時間が限定され、夜間や昼間には一定時間止められていることが多い。新たに建設された黎明通りの超高層マンションも、太陽光を利用した節電仕様になっている。

節電は農村にも広がっている。15年8月、大規模な改修工事を終えた平壌のチャンジョン野菜専門共同農場を訪問した。

自由な取材は許されない北朝鮮。逆に言えば、取材できるのは北朝鮮が今一番宣伝したい場所、ということになるが、北朝鮮は農場取材を通じて西側メディアに何をアピールしたかったのだろうか。

女性ガイドが説明する。

「金正恩元帥様が14年6月9日と15年6月29日の2回いらっしゃって、我が農場を全国の模範農場、標準農場にするよう課題をくださいました」

６６５棟の温室ではトマトやキュウリ、白菜、唐辛子など年間３００トンの野菜を生産し、平壌市民に供給しているという。

野菜が栽培されている温室の中に入って見た。入り口の正面には太陽熱温室環境総合測定装置と書かれた電動パネルが設置されているが、電源が入っていない。夏だからなのか、この時は稼働していないようだった。

唐辛子やキュウリが温室いっぱいに栽培され、青々とした大きなキュウリが実っていた。

金正恩はこの農場を温室栽培のモデル農場にするよう指示した。驚いたのは、農場なのに、敷地の中にはプールやローラーブレード場など、多彩なレクリエーション施設が揃っていることだ。

農場のプールでは子供たちが水遊びに興じていた。

「楽しい？」と声をかけると、「ネー（はい）」という返事が返ってきた。

父親だろうか。子供に熱心に泳ぎを教える男性の姿もあった。

「こっちの端まで泳いでごらん。できるかな、アイグー（おおっ）、よくやった、端まで泳げたね」

プールの横には北朝鮮で流行しているローラーブレード場がある。楽しそうに滑る子供たちはなかなかの腕前だ。

農場で働く人たちのための商店があった。食品の他に衣料品、日用雑貨などがずらりと並んでいる。

ちょっと変わった食品を発見した。薄茶色の寒天のようなものがぐるぐる巻きになっている。「人造肉」と呼ばれる、大豆のかすで作った肉の代用品だ。油で揚げて食べるのだ

屋根に太陽光パネルが設置されたチャンジョン共同農場にある住宅

という。

瓶入りの北朝鮮製ミネラルウォーターも売られていた。発泡性ですっきりした喉ごしだ。かすかに塩気が感じられる。

改築にあたり、農場にはおよそ４２０世帯分の住宅が新たに建設された。どの家も屋根に太陽光発電のパネルと太陽熱温水器を設置している。ここでもエネルギー不足を補うために、太陽光の利用が進められていた。アパートは一部屋１００平方メートル、一棟に６世帯が住んでいる。温水器は６台を屋上に付け、太陽光発電パネルは３階と２階に２台ずつ置いてあった。

開城など地方都市では太陽光発電パネルの利用は一層顕著で、集合住宅の窓に軒並み太陽光パネルが設置されているのを目にした。北朝鮮では13年の核実験で制裁が強化され、中国からの原油の提供にも圧力がかかり、太陽光パネルを設置する動きが加速し、中朝の国境に近い丹東や延吉などで太陽光発電機を購入して北朝鮮に持ち込む動きが急増した。

平壌は首都なので電力が優先的に供給されるが、地方では電力不足がより深刻だ。それだけ太陽光発電の必要性が高く、地方都市では首都・平壌以上に太陽光発電が普及しているのがわかる。

メタンガスの威力

チャンジョン野菜専門共同農場を取材した際、太陽光に加えて「メタンガス発電」なるものも目にした。

一戸建ての住宅の一つを訪問してみると……。

家庭菜園として利用されている庭に、野菜と並んで、何やら不思議なものがあった。「メタンガスタンク」と書かれている。

地面に埋められたタンクのようなものは、メタンガス製造器だ。タンクに排泄物や生ごみなどを入れ発酵させて出るメタンガスを家事や暖房に利用しているのだ。エネルギー不足を補う対策の一環で、北朝鮮では以前から農村を中心に、メタンガスの使用が奨励されてきた。

玄関を入るとすぐに太陽熱温水器のパネルが目につく。自動制御装置ということで、温度が表示されている。現在の温度は79度。上には太陽熱温水器の利用方法が書かれている。温水は常時、炊事やお風呂用に使用できるという。住民は冬でもお湯がでると喜んでいた。台所はタイル張りの清潔な感じ。煮炊きに使うのはメタンガスだ。

この家では、農場で働く夫婦と子供の3人が生活している。居間にはぬいぐるみが置かれた勉強机、化粧品が置かれた棚、液晶テレビとDVDプレーヤーなどが並んでいる。テレビも太陽光発電だ。

壁には金日成、金正日の肖像画。6畳ほどの寝室にはベッドが1台と布をかけた荷物が置かれていた。この家の主婦は金正恩が家具も付いた新しい家を無償で提供してくれたと語った。

「私たち一家はただただ、一生懸命に働いてきました。この新しい家は、無償で与えてもらいました。昔の荷物はお祖母さんの家に置いて何一つ持ってこなかったんです」

この農場のように北朝鮮では自然エネルギーを積極的に利用することで、エネルギー不足を補っている。自衛手段ともいえる太陽光の利用は、もはや欠かすことができないインフラとなっているようだ。

プールとかローラーブレード場とかの娯楽施設を見ると、農場というより遊園地のようでもあった。農場と娯楽施設が一体化していることには、違和感を覚えなくもないが、これも金正恩流の〝人民愛〟なのだろうか。

4 元山と万景峰号

万景峰号の今

北朝鮮の貨客船「万景峰号《マンギョンボン》」の名前が、久しぶりにニュースに登場した。17年5月、北朝鮮の羅先からロシアのウラジオストクの間で定期運航が始まったからだ。万景峰号は老朽化し廃船に近い状況だったが、ロシアの会社が運航に乗り出し、全面改修された。中国やロシアからの観光客誘致を名目に、週1回の定期運航をめざすとしていた。万景峰号は約200人の乗客と約1500トンの貨物を輸送できる。運航が軌道に乗れば北朝鮮の外貨獲得につながり、国連制裁の抜け穴になるのではとの懸念が出ていた。

フジテレビはテスト運航を単独取材した。

出港は午後5時半。ウラジオストクまでは12時間の航海だ。乗船料は朝食代込で1人5000元（約8500円）に設定されていた。乗客は取材班を除くとロシア人3人と日本人

元山港に停泊する「万景峰92号」

ビジネスマンの2人だけで、観光客の姿はなかった。客室は清潔ではあるが、設備はいずれも古い。浴室はお湯が出ず、水洗トイレも水を汲んで流すスタイルだった。

大きな注目を集めた万景峰号だが、わずか数カ月で運航停止に追い込まれた。港湾使用料の支払いが滞ったのが原因で、その後は貨物のみの不定期運航となった。

万景峰号とはどんな船だったのか。

１９７１年に就航してから10年あまり、この船は在日朝鮮人が北朝鮮に戻る「帰還事業」の輸送の足を担ってきた。新潟と北朝鮮を結ぶ定期航路はその後も親族訪問や修学旅行、物資輸送に利用され、92年からは2代目の「万景峰92号」が引き継いだ。

２００６年、北朝鮮がミサイル発射実験と核実験を強行したため、日本政府は万景峰号を含む全ての北朝鮮船舶の入港を禁止。日本でこの船を目にしなくなってから、10年あまりの年月が流れた。しかし、14年5月の日朝協議で拉致被害者も含めた日本人の調査で合意が成立すると、制裁の一部解除と相まって、万景峰号の今後に再び注目が集まった。

北朝鮮東部の元山市。日本海側にある人口約36万人の港湾工業都市だ。ここは万景峰号の母港としても知られている。14年6月、元山の港を訪れると、万景峰92号が停泊しているのが確認できた。荷物の積み下ろしのためなのだろうか、船の脇に赤いトラックが止まっているが、人の姿は確認できない。

ペンキが塗り替えられたばかりなのか、旗や甲板のボートの色が鮮やかだ。

地元では万景峰号の日本への渡航再開に期待が高まっていた。

市民に聞くと……。

「万景峰号？　知っていますよ。総連の人たちが日本と行ったり来たりする船でしょう。私の親戚も日本から帰国したんです。兄弟も皆生きているのに会えないので、どれだけ惜しいかわかりません。一日も早く航行できるようにしてほしいですが、どうなりましたか？　本当に一日も早く航行してほしいです」（女性）

「日本と合意した通りになるでしょう。うまくいくと思います。日本側の取る措置に従って、これから良くなると思います」（男性）

「入港禁止？　改善しなくちゃいけませんよ。同胞が会うのも難しいんだから。万景峰号を通じて相互訪問したり交流していたのに、船が行けなくなって何年になりますか。方法がないから兄弟同士会うこともできず、離れ離れで暮らさなくちゃならない。記者さんも兄弟がいるでしょ。会わないんじゃなくて会えないんです。どれだけ胸が痛むと思いますか。肉親と会えなくなったのは明らかに日本政府に責任があります」（男性）

街の中心部には金日成らの巨大な絵画が飾られている。道路の脇に止まった日本車のトラックの荷台には子供たちが大勢乗り込んでいた。スクールバスとして使用しているのだろうか。屋根代わりにビニールが貼られている。車が動き出すと子供たちが我々に向かって一斉に手を振ってくれた。

街行く人々はみな胸にバッジを着用している。中国製のトラックに交じって三輪車や自転車も目につく。

下校途中の子供たちに声をかけると……。

――何年生ですか？

「2年生～」

元気な返事が返ってきた。人懐こい元山の子供たち。港町のせいか、外部の人と接触するのにあまり抵抗がないようだ。元山から新潟までは、1970年代から万景峰号が行き来していたので、外部の人の訪問に慣れていて開放的なのかもしれない。万景峰号に乗るため、北朝鮮各地からもいろいろな人が集まってくるし、鉄道の要所という土地柄もあるだろう。

元山のような比較的大きな都市でも、やはり首都・平壌とはかなり格差があるのを感じる。特にトラックに混じって木炭車が走っていたのには驚いた。

万景峰号には北朝鮮側からの許可があれば日本人も乗船でき、北朝鮮を訪問できた。新潟から元山までは船で約26時間かかったという。かつての万景峰号は工作船として日本に潜伏する北朝鮮の工作員に指令を出すために使われたり、不正送金に利用されている疑惑がもたれていた。

入港禁止の後も北朝鮮側は、万景峰号は人道目的の船だと主張して入港を認めるよう求めたが、日本側は応じなかった。万景峰号の入港は北朝鮮側に対する大きなカードの一つだ。しかし、拉致や核・ミサイル問題で相当の進展がなければ制裁解除は困難だ。また、入港にあたっては工作船といった疑惑を晴らすことが求められる。

青少年育成の美名

北朝鮮側が万景峰号の制裁解除にこだわるのは、元山地区の経済開発に役立てたいという思惑があるからだ。金正恩は就任以降、たびたび元山を訪問し、現地指導に当たってきた。金正恩の思い入れがひときわ強いある施設を取材した。

松濤園国際少年団キャンプ場。

松濤園国際少年団キャンプ場に展示された金正恩視察時のパネル

2014年5月、新たにウォータースライダーや水族館などが作られ、施設も全面的に改築された。場内に入ると、大声で金正恩を讃える歌を歌いながら行進する少年たちに遭遇した。名前はキャンプ場だが、実際は子供向けの研修所のような施設だ。建物の入り口には金正日と金正恩が視察したことを示す看板が掲げられている。ホールは明るく、壁には「この世にうらやむものはない」と書かれていた。

この場所、もとは金日成が北朝鮮の子供たちのために作ったもので、金正日時代に海外の子供たちも受け入れる国際少年団キャンプ場となり、金正恩に受け継がれた。

「金正恩第一書記（当時）にお目にかかり涙にむせ

ぶ学生たちの様子です」

北朝鮮の主要施設には必ず専用のガイドがいて、訪問客に説明する。

このキャンプ場も例外ではない。金正恩が視察した時の写真や、施設の成り立ちなどがパネルで展示されている。

視察に訪れた金正恩に会い、感激のあまり泣き出す子供たちの写真も目立つ場所に飾られていた。

さらに……。

直径1メートルはあろうかという巨大な地球儀が置かれていた。

金正恩が、自分が使っていた巨大な地球儀を少年たちのためにこちらに運ばせたという。金正恩が使っていた世界地図。そこでは朝鮮半島が南北に分かれた形ではなく、統一された一つの国として表示されていた。また、島根県の竹島は、「朝鮮領土の独島」と記されていた。北朝鮮も韓国と同様、竹島の領有権を主張しているからだ。金正恩の領土に対する考えが透けて見える。

子供たちはこの場所でどのような生活をするのだろうか?

講堂には合唱の練習をするグループがいた。

♪私たち300万少年団の輝かしい未来であり、幸福の炎である敬愛する金正恩元帥様

合唱する少年団の子供たち。金正恩を讃える歌を歌う

♪私たちは心臓に刻んでいます。私たちの明るい
　未来も確かな支援も元帥様のその懐で花開くこ
　とができると

35人の子供たちが楽器の伴奏にあわせて真剣に練習に取り組んでいた。歌詞の内容はいずれも金正恩に忠誠を誓うものだ。金正恩体制が発足して以来、金正恩を讃える歌が次々に作られ、教育現場にも浸透しているのがわかる。

この他にもゲームが楽しめる電子娯楽室や、3D映画館など最新の設備が揃っている。ゲーム機の中にはナムコやセガなど日本製のものもあった。経済制裁のため日本からは直接輸出できないため、第三国を経由して持ち込まれたと見られている。

3D映画館では「祖国を守れ」というタイトルの戦争映画を上映していた。北朝鮮軍と見られる戦車が南北の軍事境界線を突破して韓国に攻め込む様子を思わせるシーンもある。

キャンプに参加できるのは全国から選ばれた成績優秀な子供たちだ。滞在期間は約10日間で、歌や絵など得意分野で英才教育を受け、それぞれの学校に戻る。

宿泊施設には金正恩が好むと見られるディズニーの装飾も施されていた。子供たちへの〝配慮〟は、幼少期から青年期まで徹底的に続けられる忠誠教育と不可分だ。

金正恩時代に入って元山は国際観光特区に指定され、開発が進められている。少年団キャンプ場の改装に加えて、馬息嶺スキー場や、カルマ国際空港などが次々に建設された。金正恩は幼少期に元山の別荘で過ごしたと言われる。出生地が元山ではないかとの見方もあるが、確認できていない。

5 監視下での取材

案内人という名の監視役

これまでも見てきたように、北朝鮮では自由な取材はできない。日本から取材団が訪朝すれば、各社に１人、案内人と称する監視役がつき、勝手な取材をしないように目を光らせている。

日本メディアの受け入れ窓口は「朝日交流協会」。北朝鮮外務省の日本課に所属する外交官を中心に構成される。人手が足りない場合、北朝鮮の旅行会社で働く日本語ガイドが補う。テレビクルーの場合は機材があるので、１社に１台バンが用意され、案内人と運転手が１組となって動くのが普通だ。

案内人は全員、日本語が堪能《たんのう》。彼らにとっても日本の記者は貴重な情報源だ。訪問の度に案内人から、安倍政権や日本の世論の動向、日朝関係の今後など、毎回、質問攻めにあった。彼らは日本の新聞やインターネット、週刊誌などから情報収集していて、日本の政治情勢などは驚くほど詳しく知っている。

ただ、そんな彼らでも実際に日本人と直接接することは少なく、日本メディアとの交流は、日本人の考え方や感じ方に生で触れる貴重な機会と言える。北朝鮮という社会でのし上がるうえで外国語は大きな武器となるが、その能力が生かせるかはその時々の２国間関係に大きく左右される。

02年の小泉純一郎首相（当時）の訪朝により、北朝鮮では日朝関係の改善に大きな期待が集まった。しかし、拉致問題をめぐって対立が深まると、外務省関係者を多く輩出する平壌外国語大学などで日本語学科の人気は急降下した。日本に代わって将来性があるとみなされたのは中国語だ。とはいえ、大学の専攻は学生が自由に選べるわけではなく、試験の結果に応じて学校側が決定する。北朝鮮外務省に入省したばかりの女性外交官は大学で日本語専攻が決まった際、学友から一段下に見られ「悔しかった」と話していた。

いくら相手が日本語を話すからといって、彼らと話す時には「北朝鮮」と言ったり、「金正恩」と呼びつけにしたりしないよう気を使わなければならない。北朝鮮を、韓国で使われる「北韓」と呼ぶのはもってのほかだ。なるべく彼らが使う「朝鮮」「共和国」という言い方を心掛けた。

北朝鮮に入るとまず、パスポートは案内人に預けなければならない。言葉は悪いが、ある意味で〝人質〟と同じ状態なので、気を使わざるを得ないのだ。

案内人とは1～2週間、べったり一緒に過ごすので、関係がぎくしゃくすると取材にも悪影響が出る。

監視する方も必死だ。自分の担当するメディアが問題を起こせば厳しく責任を問われ、場合によっては左遷されたり、スパイ容疑に問われる恐れもある。

彼らが特に神経を尖らせるのは軍人、工事現場、そして貧しさがにじみ出る映像の撮影だ。

平壌に「紋繍水遊び場」という巨大な温水プール施設がオープンし、海外メディアに公開された時のことだ。

取材に行くと、軍人が大挙して見学に来ていた。プールの建設に軍人が大量に動員されたため、完成後に慰労も兼ねて見学を許されていたのだ。プールに軍人という異色の組み合わせに、日本メディアは、一斉にカメラを回し始めた。ところが、それは即座に止められ、撮影した映像を放送することも禁止された。

我々の取材と同じタイミングで軍人が訪れていることは、外務省関係者も把握していなかった。軍とは連絡系統が全く別なことと、外務省であっても軍には絶対逆らえないことがよくわかる一幕だった。

もう一つ、案内人が全身全霊をもって尊重しなければならないものが「最高尊厳」、つまり金一族に対する扱いだ。

北朝鮮の記念碑的建築物を取材すると、大抵は巨大な金日成・金正日像が設置されている。不思議なことに外部に展示されている銅像や壁画については撮影が可能だが、建物の内部に置かれている最高指導者の像や写真については、撮影が禁じられていた。たとえば1章で触れた「祖国解放戦争勝利記念館」（朝鮮戦争の遺物の展示館）には、金日成・金正日の巨大な蠟人形が展示されている。非常に精巧に作られており、銅像とはまた違うリアリティがあるが、この撮影は禁じられた。

また、先の水遊び場の入り口にはビーチを模した浜辺をバックにジャンパー服姿で立つ金正日の像が建てられている。ビーチには全くそぐわない服装の金正日の姿が印象的で、テレビ的には美味しい映像なのだが、これも撮影禁止。北朝鮮メディアでは映像が公開されているだけに、なぜ制限するのか理解に苦しむところだ。

もう一つ、撮影できずに残念だったのが、指導者の乗馬シーンだ。

北朝鮮の記録映画には白馬に颯爽と跨る金正日や金正恩の姿がたびたび登場する。13年に完成した「ミリム乗馬クラブ」には金王朝3代の指導者と乗馬の深いかかわりを示す記念館が設置されている。金正恩も幼い頃から乗馬に親しみ、父・金正日と共に乗馬を楽しむ写真や乗馬の心得を示す〝お言葉〟などが展示されていて、北朝鮮の指導者にとって乗馬が切っても切り離せないものであることがわかる。

しかし、この展示館も内部は撮影禁止だ。北朝鮮なりの基準があるのか、あるいは関係部署が忖度しているのか。線引きが不透明なため、知らずにレッドラインを越えてしまう恐れもある。北朝鮮取材の怖さだ。

12年末に第二次安倍政権が誕生すると日朝関係にも転機が訪れた。

安倍首相は拉致問題の解決を最優先に掲げ、膠着状態が続いていた日朝交渉が再び動き出したのである。14年5月にスウェーデンのストックホルムで開催された政府間協議では、拉致被害者を含む全ての日本人に対し北朝鮮が調査を実施することで合意した。日本側は制裁の一部解除を約束し、拉致被害者、特定失踪者、残留日本人、遺骨問題など四つの分科会からなる特別調査委員会が設置された。しかし、北朝鮮側は「夏の終わりから秋のはじめ」としていた再調査の初回報告を一方的に先送りした。

日本側は調査の状況を確認するため、10月に訪朝団を派遣し特別調査委員会と面会した。日本政府の代表団が訪朝するのは10年ぶりだ。外務省記者クラブを中心に同行記者団が結成され、私も北京から参加した。

この時の記者団の受け入れ先は、朝日交流協会ではなく、朝鮮労働党の広報委員会だった。

二国間交流とは違い、党が直接関与していることを意味するもので、それだけ規制も厳しくなる。特別調査委員会は北朝鮮の秘密警察にあたる国家安全保衛部（現・国家保衛省）の幹部が主要メンバーで、顔馴染みの案内人たちもいつも以上にピリピリした雰囲気だった。

特別調査委員会は平壌の中心部を流れる大同江のほとりにあり、それまで「出入国管理事業所」として使われていた建物の2階に事務所を構えていた。

入り口には金色の文字で特別調査委員会と朝鮮語と英語で書かれた看板がわざわざ取り付けてある。実態のある組織である、と日本側にアピールする狙いもあったのだろう。

協議前、北朝鮮側の徐大河《ソデハ》委員長らが入り口で日本側の団長である伊原純一アジア大洋州局長を出迎えた。北朝鮮の秘密警察の幹部がカメラの前に顔を見せるのは異例中の異例だ。厚遇の一方で委員長の執務室は手狭で、応接セットのソファに座り切れないメンバーは、パイプ椅子に腰かけて協議が始まった。デスクにはファイルが数冊と電話が置かれ、壁には朝鮮半島の地図がかけられている。この場で実際に実務にあたっているとは到底思えない、がらんとした部屋だった。2階フロアには分科会ごとの部屋もあり、壁には「金正日愛国主義を具現し富強祖国建設を完成しよう！」というスローガンが掲げられていた。

異変が起きたのは協議2日目の朝のことだ。早朝、ホテル内に設けられたプレスセンターに降りると、日本と北朝鮮の外務省プレス担当者が言い争っていた。

北朝鮮側は次のように主張していた。

「きのう権力闘争と報道していた放送局がある。どうしてそんなことが日本人にわかるのか、おかしいと思わないのか。……金正恩第一書記（当時）の指導のもと、権力闘争なんてことはありえない。外務省からもTBSにその点を注意してほしい」

これに対し、日本側はこう反論していた。

「我々は各社の報道内容にはタッチしていない。そもそもその報道も見ていないから知らない」

TBSの報道が何かで問題になったんだな、とピンときた。

特別調査委員会については日本でも関心が高く、同行のテレビ各社は初日の協議の様子を平壌から生中継で報じていた。生中継の際には北朝鮮側の案内人が必ず立ち合う。彼らは放送の内容をその場で聞き、どんな内容だったかを毎回上層部に報告しているのだ。北朝鮮から見て問題ある内容が含まれていると、終了後にその場で注意されることもあれば、後で呼び出されて文句を言われることもある。注意で終われば取材はそのまま続けられるので、その時はそれほど大問題になるとは思わなかった。

集合時間になり、車に乗り込んで待機する。

だが、突然、TBSの記者だけが車から降ろされた。北朝鮮側が取材に参加させないと言っているようだ。朝鮮語が話せる日本外務省のプレス担当も慌てて後を追った。何が起きたのかよくわからないまま、一行は2日目の協議の取材に出発した。午前中の取材が終わりホテルに戻ったところで、徐々にTBS記者の置かれた状況が明らかになった。

北朝鮮の警察機関から来た男性に呼ばれて別室で取り調べを受けている。男性はいきなり大声でTBSの報道を叱責、通訳がそれを日本語に翻訳した。すさまじい剣幕だったという。

記者は身体の自由は保障され、本社との連絡も可能な状態とされた。それでも日本側の同行記者団に緊張が走った。最悪の場合、当該記者が拘束され帰国できなくなる可能性もあるからだ。

北朝鮮側が特に問題にした言葉は――「権力闘争」だった。

平壌からの中継リポートで記者は、今後の日朝交渉について「金正恩第1書記の動静や北朝鮮内の権力闘争など、国内事情の影響もあり、交渉の行方は不安定なところが大きいと言えます」と伝えた。

中継前のVTRでは韓国の国情院の情報として、金正恩の足の病気が再発する可能性があることや、軍幹部の粛清に言及していた。金正恩の権力基盤が不安定であるかのような内容だったことが、北朝鮮側の逆鱗に触れたようだ。

最高尊厳に関する韓国情報を平壌から伝える、これは極めて危険なことだ。

当時の韓国は朴槿恵《パククネ》の保守政権であり、南北関係は冷え切っていた。韓国側に立っていると誤解されれば〝スパイ扱い〟されかねない。しかも、我々の報道は常に北朝鮮当局にチェックされ、帰国するまで身柄は北朝鮮当局の支配下にあるのだから、なおさら注意が必要になる。

TBS記者を尋問したのは秘密警察の国家安全保衛部だったという。通常、我々が案内人や外務省関係者から注意されるのとはレベルが違い、対応に容赦がない。

日本政府代表団は午後の協議でTBS記者の安全確保について、北朝鮮側に要請した。TBS記者からは、同行記者団にメッセージが寄せられた。

「皆さんにはご心配をおかけしています。北朝鮮当局から事情を聴かれました。今もやりとりは続いています。解決したとは言えません。私も皆さんと一緒に帰りたいし、そういう状況なのでこれ以上はご説明できません」

結局、午後遅くになって記者が戻ってきた。

夕方のニュースで何らかの釈明をすることで、いったん北朝鮮側と合意したのだ。

北朝鮮側も日朝協議の最中に、この問題をこれ以上大きくすることは得策ではないと判断したのだろう。やや青ざめた顔色が記者の立場を物語っていた。

北朝鮮側が最高指導者の金正恩を尊重しなければならないことは理解する。

しかし、外国人にそれを強要するのは無理があるし、こんな抑圧的な対応を取る北朝鮮のやり方には憤りを覚えざるを得ない。「報道の自由」がない中での取材の難しさ、息苦しさをひしひしと感じた。

あわや追放、ヒヤリとした瞬間

かく言う私も、実は北朝鮮での取材中にヒヤリとした体験がある。

党創建70周年だった15年10月、私はこの関連行事を取材するため、平壌を訪れた。その時、気になっていたのが、前年に取材した拉致問題などを調べるための特別調査委員会の動向だ。このころ、委員会設立から1年以上が過ぎていた。なのに、調査結果がいっこうに発表されない。特別調査委員会はその後、どうなったのだろうか……。

私は、党創建関連取材の最終日の夕方、北朝鮮側の許可を得て、平壌の名所を回ることにした。

北朝鮮外務省の外観、万寿台の丘に建つ金日成・金正日の巨大な銅像——などを撮影した後、ホテルに戻る途中、この特別調査委員会の建物に立ち寄ってもらった。

建物の敷地には入れないため、敷地外から柵越しに建物の入り口をチェックした。するど、まだ看板があるのを確認することができた。

建物1階には人がいるのか、灯りもともっている。

敷地外から看板がはっきり見える場所を探し出して、早速、撮影を始めた。念のため、カメラマンに建物を背景に私の姿を映してもらい、「特別調査委員会のある建物の前に来ています」とリポートした。短時間で終わらせようとしたが、それもできず、通行人が足を止めて、何をしているのかと観察し始めた。

すると、案内人が慌てて声をかけてきた。「人が集まってきたから、早く帰りましょう」。かなり焦っている様子だ。

いったん、ホテルに戻り、次の取材のためロビーに集合した。

すると、そこで私たちの案内人が上司2人と何やら話し合っている。表情が暗い。相当に怒られている様子だ。それから、案内人が泣きそうな顔をしてやってきた。

「特別調査委員会の取材をしていましたよね、その件で叱られました。あの時の映像はすべて消してください」

私が何がいけなかったのか、と問いただすと、再び泣きそうな表情をした。

「上司から『住民から通報があった』と指摘され、強く注意されました。私自身は、敷地外からの撮影だったので大丈夫だと思っていたんですけど。ともかく『朝日関係にかかわる問題だからダメだ』と言われたんです。お願いですから、映像を全部、消去してくださ い」

案内人はひどく動揺していた。おそらく、この問題を解決できなければ、相当なダメージになるのだろう。

私たちが北朝鮮を離れた後も、彼らはここで生活を続けなければならない。私たちの一件だけで、案内人は配置転換されたり、職を失ったりする可能性もある。1本の映像だけで、前途が変わってしまうのは気の毒だ。結局、映像を消すことに同意せざるを得なかった。

その日の夜は、金正恩が作った新たな音楽グループ「青峰楽団」のコンサートがあった。モランボン楽団がミニスカートのアイドル的なグループとすれば、青峰楽団はもう少し大人っぽい感じでロングドレスを身にまとい、しっとりと歌い上げるスタイルだ。北朝鮮でも人気急上昇中のグループで、チケットも入手困難と言われていた。

だが、案内人はコンサートの間もずっと溜息ばかりついていた。

「広報委員会が厳しいんです。でも朝日交流協会の方も全然かばってくれませんでした。結局、みんな、自分のせいになるのが怖いんです」

案内人はこうこぼした。

部下をかばってとばっちりを受けたくないのだろう。密告が日常茶飯事の北朝鮮社会では、いつどこで足をすくわれるかわからない。他人をかばっている余裕などないのだ。

「私たちのせいで迷惑をかけてすみません。私から上司に謝りましょう」

こう申し出て、コンサートが終わってすぐ、上司のところに同行した。

「このたびはご迷惑をおかけしました。特別調査委員会については日本でも現状に関心が高いので敷地の外から撮影をしました。外からの撮影なので問題ないと思ったのですが、ダメということなので映像は消します」

すると、広報委員会のメンバーはこう答えた。

「住民から何か不審な人間が撮影をしているという通報がありました。特別調査委員会は朝日関係にとって敏感な問題です。今回は特別委員会の取材ではありません。映像を使用すると、後々あなた方が取材に来られなくなることもありえます。気をつけてください」

言葉は丁寧だが、強い威圧感があった。

特別調査委員会が事実上の機能停止状態になっていることを報じられたくないのだろう。日朝関係にマイナスになるような取材を許せば、彼ら自身にも影響が及ぶと考えているようでもあった。

そして、案内人の立ち合いのもと、素材を消した。

この案内人は、フジテレビの担当を何度も務め、気心の知れた仲だった。移動中や食事の席で、子供の教育や家庭の悩み、日本語ガイドの仕事などの話題にも応じ、宣伝・扇動ではない北朝鮮の日常を感じさせてくれた。

翌年、党大会の取材で訪朝すると、この案内人はフジテレビの担当を外されていた。また、特別調査委員会は16年2月、日本が対北独自制裁を決めたことへの対抗措置として解体された。

BBC記者追放と統制強化

取材中に記者が拘束される事態はその後も続いている。

16年5月の党大会の際には、海外メディア120人あまりが平壌に入り、第2章でもふれたように党大会そのものの取材は一部のメディアだけにごく短時間公開された。

党大会最終日となった9日午後、プレスセンターに待機していた記者に、ある情報が伝えられた。

英国の公共放送BBCの記者が当局に拘束された——。

プレスセンターは騒然となり、記者たちから質問が相次いだ。一体何が起きたのか？

拘束されたのはBBC東京特派員、ルパート・ウイングフィールドヘイズ記者だった。

この記者は党大会そのものの取材ではなく、ノーベル賞学者の訪朝に同行してプロデューサーやカメラマンと共に4月29日から北朝鮮に入り、平壌各所で取材にあたっていた。

取材を終えた6日、空港を出ようとしたところで北朝鮮側に拘束されたのだ。当初、拘束の理由はわからず、空港でいきなり呼び止められたということだった。

記者が拘束されたため、BBCのプロデューサーとカメラマンの2人は平壌市内のホテルに戻って待機した。一方、北朝鮮側は中国国営新華社通信など平壌常駐のメディアを対象に記者会見を開き、BBC記者の拘束について「現実を歪曲し、不当な報道をしたため」と説明した。

BBC記者の取材のどこが問題になったのかは、はっきりわからない。ただ、BBCのウェブサイトなどを見ると、金日成の像の前でリポートをして案内人に止められる場面をことさら報じたり、小児病院での取材で「病院の患者は全て偽者で本当は健康な子供を集めている」と断定するなど、北朝鮮側の神経を逆なでするような報道が繰り返されていた。

北朝鮮側の関係者によると、記者が北朝鮮の住民生活や風習を中傷したことや、出国の際に抵抗したことが問題になったという。案内人が何度も抗議したのに、言うことを一切聞かなかったという背景もあるようだ。おそらく、北朝鮮取材に対する認識の甘さもあったのではないか。

結局、BBC記者は8時間の尋問を受けた後、謝罪文を書かされ、退去処分となった。この日の夜、平壌から北京へ到着したBBC記者は、カメラに囲まれ「（北朝鮮の）外に出られて嬉しい」と言葉少なに語った。

金正恩体制の下で海外メディアを大挙受け入れた13年当時から比べると、取材統制が厳しさを増していることを改めて実感させられた。

ちなみに私はこの時が「特別調査委員会撮影事件」後、初めての北朝鮮取材だったが、特別におとがめはなかった。ただ、フジテレビ担当の案内人が、これまでの旅行ガイドから北朝鮮外務省の中堅外交官に代わっていた。この人はかなり厳しく、取材の合間に「追放しますよ」と何度も言われ、冗談なのか本気なのかわからず閉口した。

北朝鮮では自由な取材はできないと中継でしゃべった時には夜中に呼び出された。「ああいうリポートは良くありません。やめないと出ていってもらうかもしれませんよ。保証できません」。こう厳しく言い渡された。

金正恩の恐怖政治が進むにつれ、メディアへの規制は強化の一途をたどっている。14年頃までは短時間でも個別取材が認められたが、15年以降は団体行動が基本となった。海外メディアの北朝鮮批判を許せば、その担当者らは金正恩への忠誠を疑われかねない。保身のための自主規制と責任回避、そんな空気が蔓延しつつあるようだ。

恐怖の人質外交

マイクの前で涙ながらに語るアメリカ人の若者。両手を合わせ神に祈るしぐさをしながら天を仰ぐ。後ろの壁には金日成・金正日の肖像画が架けられ、北朝鮮の人々が周りを取り巻いている。この異様な記者会見の主が、バージニア大学の学生だったオットー・ワームビア（22）だ。17年1月、観光のために訪れた北朝鮮で突然、逮捕・拘束された。

会見でワームビアは、アメリカ政府と関係のある「友愛連合メソジスト教会」の関係者から、北朝鮮の政治スローガンを持ちかえれば中古車をもらえると言われたと〝告白〟した。さらに、「スローガンをなくして北朝鮮の人々の団結と情熱を弱化させ、西側によってこの国が侮辱されるのを見せつけなければいけない」と考え、羊角島ホテルの従業員エリアから、政治スローガンを取り外したと自らの〝罪〟を認めた。

北朝鮮当局はワームビアがホテルの壁から何かを取り外している監視カメラの映像を公開し、裁判で国家転覆陰謀罪による労働教化刑15年を宣告した。特別教化所に収容されたワームビアは、受刑者として1日14時間以上の強制労働に従事させられ、服役後まもなく昏睡状態に陥ったとされる。

同年6月、ワームビアの健康悪化を知ったアメリカ政府のユン北朝鮮特別代表が訪朝し、ワームビアは解放された。帰国後には、オハイオの病院で治療を受けたが、意識を取り戻すことがないまま一週間後に死亡した。

北朝鮮側はワームビアがボツリヌス中毒になり、睡眠薬を服用した後に昏睡状態に陥ったと主張。一方、アメリカで治療にあたった医師は、脳に「重度の損傷」を負っているとしたが、原因は明らかにされなかった。

トランプ米大統領は「彼は1年半北朝鮮で過ごした。たくさんの悪いことが起きた。彼はさきほど亡くなった。（北朝鮮は）残虐だ」と述べ、北朝鮮の対応を強く批判。家族は「北朝鮮から受けた拷問のような扱いによってこのような悲しい結末となった」との声明を発表し、アメリカ国内で北朝鮮への反感が一気に強まった。

北朝鮮側は「健康状態が悪化したことを考慮し、アメリカに戻るまで誠意をもって治療した」と説明。殴打や拷問を受けたという説を「事実無根」と否定し、「我々は最大の被害者だ」と言い訳した。北朝鮮には今も3人の米国人が拘束されたままで、アメリカ政府は引き続き解放を求めている。

外交取引のために〝人質〟を取るのは北朝鮮の常套手段だ。何らかの嫌疑をかけて拘束し、外交取引の材料にする。

北朝鮮は過去にも「人質外交」を繰り返してきた。

例えば、1983年の第18富士山丸事件。船長と機関長が身に覚えのないスパイ容疑をかけられ、7年間も拘束された。拷問のような仕打ちや家族の安全を脅かすような脅しもあったという。90年に当時の金丸信・元副総理（自民党）と田辺誠・社会党副委員長が訪

朝。金丸が金日成と直談判して、解放が決まった。この時、北朝鮮は
・日朝国交正常化交渉の開始
・朝鮮半島分断後45年間への償い（戦後補償）約束
などの見返りを日本から引き出すことに成功した。

記憶に新しいところでは、２００９年にアメリカのテレビ局で働く女性記者２人が拘束された。北朝鮮側は２人が中朝国境取材中に違法に北朝鮮に入ったとして逮捕し、不法国境出入などの罪で労働教化刑12年を宣告した。この時はクリントン元大統領が訪朝し、金正日と直接交渉に臨み、特別恩赦で釈放された。その後、緊張した面持ちのクリントンと笑顔の金正日の２人が並んだ写真が公開され、北朝鮮には格好の宣伝となった。

人質を使って相手を交渉のテーブルに引き込み、譲歩を勝ち取る。北朝鮮外交の常套手段は、金正男暗殺事件の際にマレーシアにも使われた。平壌に駐在していたマレーシア大使館の職員ら９人の出国を禁じ、事実上の人質にしたのだ。結局、北朝鮮側はクアラルンプールの北朝鮮大使館にいた２人の容疑者の国外退去と引き換えに、マレーシア大使館の職員らの帰国を許可した。金正男暗殺事件の真相解明は「人質の交換」で幕引きとなったわけだ。

マレーシアは北朝鮮にとって特別な国だった。ビザ不要で、工作員も自由に行き来でき

るという利点があった。1000人近い北朝鮮労働者も派遣される外貨稼ぎの拠点でもあり、東南アジアの「前線基地」として、計り知れない価値があったのだ。

一方のマレーシアからみれば、北朝鮮との経済関係は深くない。北朝鮮との貿易額は全体の0・002％程度だ。暗殺事件の捜査の最中、マレーシアのナジブ首相は「断交する考えはない」と表明した。しかし、かつてのような友好関係に戻るのは容易ではない。

金正男暗殺事件では北朝鮮も大きな外交的損失を被った。現場の外交官たちは国際感覚を持ち、自分たちの置かれた状況を理解しているはずだ。なぜ、明らかに損とわかる行為を強行するのだろうか……。ここにも、金正恩の独裁体制が強化された影響がある。

「金委員長の機嫌を損なわない」

これが外交の最大の判断基準になっているのだ。大局的な判断が必要なはずの外交政策が、指導者への忠誠競争に左右される。政策は強硬な方向に進められ、他国との対立がより熾烈になる。北朝鮮は外交面でも今後一層、手詰まり状態に陥ることになりそうだ。

6 「白米と肉のスープ」はどこに――地方との格差

墓参取材で見た地方の窮状

第２次世界大戦中、朝鮮半島は日本の植民地統治下にあり、多くの日本人が現地で生活していた。

終戦前後の混乱期に病気や飢えなどのため、朝鮮半島北部で約３万４０００人の日本人が亡くなったと言われる。このうち約２万柱の遺骨が今も現地に残されたままになっている。

北朝鮮は12年の夏に、戦後初めて北朝鮮にある日本人墓地への墓参を受け入れた。その狙いは何だったのか。

一つは人道的見地を前面に出し、日朝交渉再開の道筋をつけること。

もう一つはズバリ遺骨ビジネスだ。

北朝鮮は１９９０年からアメリカと合同調査チームを作り、朝鮮戦争で戦死したアメリカ人兵士の遺骨の捜索と返還を実施してきた。遺骨の捜索や掘り返し作業にかかった費用としてアメリカ側は、遺骨１柱あたり約２万ドルを北朝鮮側に支払ってきた。米朝間に国交はないが、遺骨返還は人道問題。同じく国交がない日朝の間でも、人道問題であれば交渉が可能だ。

日本人墓地の取材で訪れた富坪の農村風景

さらに、日本人墓地や慰霊場所の整備にかかる費用、遺骨の捜索・発掘に伴う費用などが北朝鮮に支払われることになる。たび重なる弾道ミサイルの発射や核実験で厳しい経済制裁が科せられる中、北朝鮮は合法的な外貨稼ぎの手段として日本人の遺骨に目を付けたのだ。

北朝鮮で日本人が埋葬された場所は約70カ所に上るとされている。北朝鮮から引き揚げた日本人の中には遺族会を作り、日本人墓地の場所を記した地図や埋葬された人の名簿を保存していたケースもあった。しかし、こうしたケースはごく一部で、墓地の存在は歳月の経過と共に忘れられ、多くの人がどこに埋葬されたのかわからなくなっていた。高齢化する遺族に代わり、北朝鮮への墓参の橋渡し役となったのが、「北遺族連絡会」だ。私は2013年9月から14年10月まで北遺族連絡会が主催する墓参に4

回、同行取材した。

日本人墓地の多くは咸興や富坪、清津、古茂山などの地方都市に存在し、外国人がめったに足を踏み入れることができない場所にある。北朝鮮の中でも選ばれた人たちが暮らす平壌と地方とでは、生活レベルが全く違う。日本からの墓参と同行取材の受け入れは、北朝鮮が嫌がる「貧しい」「汚い」「遅れている」部分を、外部に晒すことにもつながった。しかし、背に腹は代えられなかったのだろう。墓参取材では、通常の取材ではなかなか見ることができない北朝鮮の地方都市の現実を目にすることができた。

「白米と肉のスープ」の約束

平壌と地方の生活状態の差を一言で言えば、日本の戦前と戦後くらいの違いがある。平壌では高層マンションに住み、スマホを使い、現代的な生活を享受する人々がいる一方で、地方では掘立小屋に近い木造の家に住み、食うや食わずの生活を送っている住民もいる。地方に行けばいくほど、体格も小さく栄養状態があまり良くないように見えた。ほとんどの農家が庭に畑を作り、屋根にはつる状の作物を栽培していた。とうもろこしや唐辛子を干すなどして、食料の足しにしている。余ればチャンマダンと言われる自由市場で売るのだろう。冬前には暖を取るための練炭を道路で乾かしている住民の姿をよく見かけた。餓死者が出るような状況ではないにしても、非常に貧しい生活であることは間違いない。

かつて金日成は「人民が白米と肉のスープを食べ、絹の服を着て、瓦屋根の家に住めるようにしなければならない」と述べ、北朝鮮の住民が衣食住に困らない生活を送れるようにすると宣言した。

2代目の金正日は「首領様の遺言を達成できなかった」と、自分の代になっても食料問題が解決できていないことを嘆いた。

そして、3代目の金正恩は12年4月15日の金日成生誕100周年の演説で「わが人民が、2度とベルトを締めあげずに済むようにする」と誓った。北朝鮮の住民が空腹のためにベルトを締めあげて我慢することがないようにする、との決意表明だった。

金正恩は体制発足直後に、農作物の自由裁量制度を拡大するなどの農業改革を実施。また、中国との貿易も拡大し、経済状況は改善に向かった。しかしその後、経済発展と核・ミサイル開発を同時に進める並進路線に転じ、厳しい経済制裁の下で苦境が続いている。3代の指導者が口にした人民への約束は今も果たせていない。

物質不足も深刻だ。地方に行くと交通手段の面でも平壌との格差が際立つ。

日本ではお目にかかったことのない、変わった車が目に飛び込んできた。トラックの荷

北朝鮮の地方ではよく見られる木炭車

台に積まれた炉のようなものから、真っ黒い煙が吐き出されている。荷台に乗った人が時折、炉の燃え具合を確認しているようだ。顔には煤がつき、何を燃やしているのか、強烈な匂いも漂ってくる。とても乗り心地がいいようには見えない。

見慣れないこの車は、薪や石炭を燃やして発生したガスを動力にして走る木炭車だ。エネルギー効率は一般の車の半分程度、最大でも時速60キロほどしか出ないという。あっという間に我々の乗った車に追い越されてしまった。

木炭車は第2次大戦中の日本でも使われていたというが、北朝鮮では今も現役だった。平壌市内ではさすがに見ないが、地方ではよく見かけた。

北朝鮮では1990年代の苦難の行軍の時期に燃料不足を解消するため、木炭車の使用を奨励した。当時は住民による薪の無断伐採が横行し、北朝鮮の山のほとんどが、禿山になってしまった。このため、薪の無断伐採の取り締まりが強化されたが、国連の制裁強化により燃料不足は一層深刻化している。

最近では薪の代わりに廃油を染み込ませたとうもろこしの芯を燃料にしているという。どんなに煙が真っ黒でも、木炭車は貴重な輸送手段だ。農村では牛車も珍しくない。地方では自転車はまだいい方で、基本は徒歩になる。重そうな荷物を担いで目的地までひたすら歩き続ける。そんな住民の姿が目に浮かぶ。

平壌から地方都市に出かけるには、高速道路を利用する。

墓参取材では平壌から元山まで約200キロ、さらに咸鏡北道の咸興まで約300キロを1日で移動することも珍しくなかった。道幅は広く、他の車とはめったにすれ違わない。舗装はされているが、道路の状態はお世辞にもいいとはいえず、所々穴が開いたりしている。そこを100キロ超のスピードで疾走するので、でこぼこのたびに座席から体が飛び上がり、ジェットコースターにでも乗っているようだ。

1日移動が続くと体中が痛くなり、移動だけで疲労困憊するのが常だった。北朝鮮のメディア担当者にとっても地方訪問はハードだったようで、「ここからは戦闘だから」という言葉をよく聞いた。

そんな移動の途中でよく見かける光景の一つが「車の故障」だ。乗合バス、トラック、乗用車……。様々な車が道路で立ち往生していた。車の下にもぐり、必死に修理を試みている運転手を乗客らが取り巻き、いつになるかわからない出発を待つ。私たちの取材車も例外ではない。長距離移動の途中でエンジントラブルを起こしたり、部品が壊れたりして走行できなくなることが毎回のようにあった。

北朝鮮では車は貴重品だ。

金正恩体制の下、平壌では車の運行が増え、タクシーも急増した。一方で公用車としてかなり年代の古いクラシックカーが現在も使われている。新しい車を購入するのはもちろん、修理用の部品を入手するのも難しい情勢で、古い車を修理しながらだましだまし使っているのが実情だ。運転手は車の修理から部品の調達まで専門技術が求められる。「運転手同志」として幹部の仕事に同行することも多く、専門職として社会的地位が高い。

太陽政策の夢の跡、寂れた金剛山観光

イソップ物語に「北風と太陽」の寓話がある。

これを北朝鮮政策に転用したのが、韓国の金大中《キムデジュン》政権（１９９８～２００３年）だった。

北朝鮮に対し「北風」のような対決姿勢を取るのではなく、人的交流や経済協力といった「太陽」の暖かさで包み込み、改革・開放に向かわせようとするものだ。

北朝鮮が独自の観光事業を進める金剛山

①武力行使の排除、②吸収統一しない、③南北和解の促進——が３本柱となっている。

２０００年には分断後初の南北首脳会談が実現し、「南北共同声明」が発表され、南北の交流が飛躍的に拡大した。この政策は盧《ノ》武《ム》鉉《ヒョン》政権にも引き継がれ、10年にわたる革新政権の間、北朝鮮には莫大な外貨が流入することになった。

太陽政策の先駆けとなったのが、当時、韓国最大の財閥だった現代《ヒョンデ》グループ名誉会長の鄭周永《チョンジュヨン》だ。鄭は江原道通川の出身。南北分断で故郷に戻れなくなった失郷民の１人だった。

南北交流に意欲を燃やした鄭は、１９９８年に牛５００頭を連れ板門店を通って北朝鮮を訪問。その模様は生中継で伝えられ、世界の注目を集めた。金正日と会談した鄭は、金剛山付近の独占開発権を取得し、同年中に海路で韓国からの金剛山観光ツアー開始にこぎつけた。2003年には軍事境界線を越えての陸路観光も許可され、韓国からの観光客は10年間で約194万人に上った。北朝鮮はその代価として観光収入4億8669万ドルを手にした、と13年の統一白書に記されている。

しかし、08年7月、韓国人女性観光客が北朝鮮側の兵士に射殺される事件が起き、金剛山観光は中断。09年3月に北朝鮮側が一方的に韓国側所有の施設を凍結・没収し、今は北朝鮮が独自に観光事業を展開している。

金剛山のガイドを務める韓金姫さん

金剛山は東西約40キロ、南北約60キロに及ぶ。38度線に接する海岸から山岳部まで、海、山、そして湖と見どころが分かれ、朝鮮半島の随一の景勝地として知られてきた。北朝鮮出身者だけでなく一般の韓国人にとっても一度は行ってみたい名所だった。金剛山観光が中断されて5年となる13年10月に金剛山を訪れると、人気の観光地は大きく様変わりしていた。

♪景色もいいが、暮らすにもいいね
♪金剛山の村には宝物も多いよ

切り立った岩が連なる山々。花崗岩に紅葉が映え、渓谷の水は澄み切っている。金剛山の絶景の一つ、外金剛の玉流潭の前で、女性ガイドの韓金姫（23）は少し恥ずかしそうに金剛山ゆかりの歌を披露してくれた。

金剛山生まれの韓は地元の師範大学を卒業後、専門学校で中国語を学び、英語と中国語で観光ガイドを務めている。ハキハキと明るく聡明な女性だ。韓によると、観光客の7割は中国人、次いでヨーロッパ、香港、台湾、東南アジアと続く。北朝鮮国内からの観光客も含めると、一日に1000～1500人程度が訪れるという。観光の期間は4～11月中旬までで、冬季は中止される。日本人の観光客を案内するのは、我々が初めてだった。

「日本人がもっと来てくれるようになれば、日本語も勉強しますよ」

何故日本人の観光客が少ないのかと質問する。

「中国では金剛山が北朝鮮の名山だということが知られているが、日本人は知らないと思う」

日朝関係などの政治情勢には触れなかった。

登山の途中で、台湾からの観光客とすれ違った。

「有名だと聞いてこのツアーを選んだ。北朝鮮と聞いてちょっと心配だったが、（北朝鮮の人が）とても親切にしてくれた」

「楽しんだよ～」

この台湾からの金剛山ツアーには25人が参加しているという。当時、北朝鮮は、韓国人観光客の穴埋めに台湾からの観光客誘致に力を入れており、観光説明会なども積極的に開いていた。台湾と北朝鮮の繋がりは意外と知られていない。

私たち日本からの墓参団が宿泊したのは外金剛ホテルだった。もとは、韓国の現代峨山（現代グループの一つ）が50年契約で借り受けて改装し、1000室の客室を備えたホテルとして運営していたが、この時は北朝鮮が管理していた。フロントには中国からのツアー客、ヨーロッパからとみられる観光客数人がいた。

韓国からの団体客で賑わっていた頃とは比べようもないが、観光客の受け入れが細々と続けられていた。しかし、宿泊客の減少のためか、2基あるエレベーターは1基のみ運行。インターネットはもちろんだめ。オペレーター不足なのか、部屋と部屋をつなぐ電話が使えない。国際電話はフロントのみ可能という状況で、韓国人観光客が利用していた時とは様変わりしていた。

外金剛ホテル周辺には広大な駐車場があり、免税店や、ファミリーマート、レストランなどの商業施設を併設している。ゴルフ場なども建設された。金剛山のコンビニ第一号となったファミリーマートは韓国の現地法人が出店した。日本でもお馴染みの外観で、かつては全てドルで販売がなされていた。

近づいてみると、ファミリーマートの文字がペンキのようなもので消され、ガラスが黒いビニールで覆われていた。店内の商品は全て撤去されている。一帯の免税店なども全て閉店し、施錠されていた。しかし、施設の管理人に聞くと「営業している」という。「観光シーズンが終盤になりお客が減ったので、数日前に撤収した。商店街は香港企業との合弁だ。商品は記念品、酒、タバコ、服、靴など何でもある。全て免税だ」との説明だった。

夜はホテル別館のレストランで食事した。途中に2度停電があり、レストランが真っ暗になったが、レストランの従業員は慌てることなく、非常用電源を用意。何事もなかったかのように給仕を続けた。すぐに非常用電源が出てくるところを見ると、停電は珍しいことではなさそうだった。

観光は〝ご褒美〟

職場の旅行で平壌から来た北朝鮮団体客の一行が、海辺ではしゃいでいた。

金剛山のもう一つの名所、海金剛では大きな岩に囲まれた独特の景観と美しい海を楽しむことができる。海の向こう、対岸には韓国の地が間近に望める。晴れた日には韓国側の展望台が見えるほどの近さだ。

「あれ、電波が立ってるよ」

同僚らが騒ぎ始めた。中国や日本の携帯は不通のはずだが電波が立っていた。韓国の携帯の電波が受信できるのだ。距離の近さが実感できる。

電話をかけてみる。しっかりと通じた。

早速、この内容をリポートするため撮影していると、ここでも案内人が止めに入った。かつて韓国からの観光客には携帯電話やバッテリーの持ち込みが禁止されていた。また、軍人や人物の写真撮影も不可、観光施設の従業員以外は現地の北朝鮮住民との接触もできなかった。観光地とはいえ、南北の最前線だ。この時も、北朝鮮側の兵士が何度も見回っており、独特の緊張感が漂う。

海岸にそそり立つ岩山に、おっかなびっくり登ってみた。

同行している運転手が手を貸してくれた。案内人もみな仕事そっちのけで、写真を撮りまくっている。貴重な観光の機会というわけだ。海岸の方向にカメラを向けると、岩の間に北朝鮮の長距離砲が見えた。観光地のすぐ脇で砲門が韓国に向けられている。軍事施設の撮影は禁止だ。カメラを向けるなと注意された。

続いて案内されたのは「三日浦湖」と呼ばれる広大な湖。中央に小島が浮かび、北朝鮮の観光客や地元民も多く訪れる場所だ。湖のほとりでは平壌の下水道事業所の職員だという20人余りの団体がバーベキューを楽しんでいた。カニやあひるの肉、キムチなど食料を持ち寄り、焼酎を酌み交わしている。楽しそうな様子に見入っていると、食べ物やお酒を勧めてくれた。

北朝鮮では移動の自由が制限されているため、個人での旅行はほぼ皆無と言っていい。基本は職場単位で、工場や農場などで優秀な成績を収めたグループに対する〝ご褒美〟として観光旅行が実施されるのが普通だ。

北朝鮮住民が金剛山を比較的自由に観光できるようになったのは最近のことだ。過去には金剛山の観光施設を利用できるのは一部幹部に限られ、韓国からの金剛山観光ツアーが始まってからは一般の立ち入りが厳しく制限されていた。南北交流が途絶したおかげで、北朝鮮住民の金剛山観光が解禁になったのは皮肉な結果だ。

第5章　北京で見たノースコリア

北京の北朝鮮大使館。中国の武装警察が24時間体制で警備にあたる

1　中朝＝特殊な関係

血盟関係も今は昔

中国と北朝鮮——。

隣り合わせの国で、ともに社会主義を標榜している。国境は約1300キロにわたり、両国は鴨緑江、豆満江という大きな川で隔たれている。場所によっては歩いて渡れるくらいの場所もあるが、もちろん勝手には行き来できない。飢えなどのために北朝鮮から中国に逃れる人（脱北者）を防ぐため、川沿いでは厳重な監視体制が敷かれている。

中国は960万平方キロの国土と13億7000万人以上の人口、名目国内総生産（GDP）12兆ドルを超える経済大国、一方の北朝鮮は面積はほんの12万平方キロ、人口も2500万人程度、GDPも推定161億ドル程度と言われている。国力の差は歴然だ。

それでも中朝関係は伝統的に強固とされ、朝鮮戦争（1950〜53年）ではともに米国を中心とする国連軍と戦った。最近まで、中朝関係は「唇亡歯寒（＝唇滅びて歯寒し）」の血盟関係」と呼ばれるほど、強固なものだった。つまり、中国（歯）にとって北朝鮮（唇）

は不可欠で、北朝鮮がなければ中国の安全保障が危うくなるという考えが支配的だった。

金日成は中国語が上手なことで有名で、かつての朝鮮人民軍の軍人の多くが中国語を理解していたようだ。中国側の軍人と朝鮮人民軍は関係が良く、双方が同じ場所で3年以上も駐留しても、大きなトラブルはなかったと言われる。私が会ったことのある周恩来首相の通訳も「中国共産党は自軍兵士が朝鮮人民軍と仲良くするように徹底的に教育し、金日成も同様に自軍への教育に力を入れていた」と証言していた。

しかし、そんな中朝「友好」関係も、金正日時代までだった。金正恩になると、とたんに中朝関係は複雑なものに変化した。中国の反対を押し切って核やミサイル実験を繰り返したからだ。中朝関係悪化の影響を真っ先に受けるのが、国境地帯にある吉林省延辺朝鮮族自治州と遼寧省丹東だ。

延辺朝鮮族自治州――中国には朝鮮半島から移り住んだ朝鮮系の民族「朝鮮族」が約200万人いて、中国東北部を中心に生活している。うち、朝鮮族自治州には45万人が住んでいる。

延辺と北朝鮮を隔てるのが豆満江だ。中国吉林省の図們は、この豆満江を隔てて北朝鮮咸鏡北道南陽に隣接している。二つの町を結ぶのが図們大橋だ。橋の付近は中国側から北朝鮮を垣間見られる場所として、観光地にもなっている。

北朝鮮と隣接する中国吉林省図們。観光地としても知られる

入り口には石造りのどっしりした門が建てられ、橋の長さはおよそ500メートル。観光客は橋の真ん中、中国側の境界まで歩いて行くことができる。北朝鮮を間近に見ることができる場所として人気の観光スポットだ。橋の脇に立てられた黄色い棒が中朝の国境にあたる。この橋を渡ると、北朝鮮側の南陽駅に出る。駅には金日成と金正日の肖像画があり、赤い字で「南陽駅」と書かれている。その横の建物には「偉大な領導者金正恩同志万歳」のスローガン、駅前には数台のトラックが置かれていた。

川沿いには時折、人が歩いている。兵士もいる。道の脇に木のようなものが山のように積まれているのは、薪として使うのだろうか……。瓦屋根の家々が並んでいるが、人影はまばらで、閑散としている。橋を一本隔てただけで、全くの別世界が広がっているのが、実感できる。

急速に広がる北朝鮮締め出し

図們大橋周辺には北朝鮮ゆかりの品を売る土産物店がずらりと並んでいる。中に入って見ると、北朝鮮の切手や、たばこ、酒などが売られていた。「不老酒」と書かれた薬酒は600元、日本円で1万円以上もする。

金日成と金正日の肖像が並んだバッジ

北朝鮮のバッジがないか尋ねると、店の奥から出してきたのが、金日成と金正日の2人が並んだ肖像徽章だった。北朝鮮住民が左胸に着けているもので、俗に「金日成バッジ」と呼ばれるアルミ製のバッジだ。店員の女性は「北朝鮮の人が持ち込んだ本物だ」と主張する。お値段はなんと1500元、日本円なら約2万5000円もする。2人並ぶタイプはバッジの中でも珍しい種類だという。ぼったくりに近い値段だが、過去に日本人観光客が買ったそうだ。頑張って値切ってみたが、全然負けてくれない。泣く泣く諦めた。

北朝鮮ビジネスマンに聞いた話では、バッジは所属組織で配られ、「人間の最も大切な場所＝心臓」の上に着けるように指示されているそうだ。仕事中に徽章を着ければ肖像が汚れるおそれがあり、作業着での着用は実質的に禁じられているという。いつ、どういう機会に着けなければならないかの規定はなく、「私たちの心の中の問題」（北京の北朝鮮レストラン従業員）といわれている。

中国ではこのバッジの偽物が数多く作られている。本国にはまだない金正恩バッジもすでに売られていた。北朝鮮のバッジを欲しがる観光客が多いので、勝手に偽物を作って売っているのだ。そんなものまで作ってしまうとはさすが中国というべきか。本物との識別は、裏側の留め金の形や材質が決め手となる。この偽バッジは日本円で一つ200円程度なので、「おみやげ」にはちょうどいいかもしれない。

こんなのんびりした雰囲気の図們だったが、北朝鮮と中国で、それぞれ金正恩と習近平《シーチンピン》（中国国家主席）がリーダーに就任して以後、緊張が高まる一方だ。

図們大橋から豆満江沿いを走ってみると、中国側には鉄条網が延々と張り巡らされている。「国境を越えないこと」と書かれた看板もある。冬場には川は凍りつくので、川幅が狭い場所では歩いて渡ることもできる。これを防ぐための措置だ。

対岸の北朝鮮側には2階建ての監視小屋のような建物がある。青い屋根に壁はモスグリーンに色が塗られ、まだ新しいように見えた。石を埋め込んだ監視小屋もあり、周囲には兵士が立っている。中では北朝鮮兵士が、中国側に逃れようとする住民はいないか目を光らせているのだ。

実は2014年12月、脱営兵と見られる北朝鮮兵士（当時26歳）が拳銃を盗んで国境地帯の和龍市南坪に侵入し、朝鮮族の住民4人を殺害する事件が発生した。兵士は食料と少額の現金を奪って逃走したが、中国の警備兵に発見され、射殺された。住民は不安におびえ、村には監視カメラが設置された。村周辺には新たに検問所が作られるなど警備が強化されている。

中国側はかつて、こうした事件が起きても表に出さないのが通例だったが、この時は北朝鮮に抗議したことを明らかにした。私は翌年2月、事件の続報の取材に行こうと試みたが、多くの検問に阻まれ、近づけなかった。ちなみに国境での警備はさらに強化され、17年には図們大橋にあった土産物店は全て一掃されてしまった。中朝関係の冷え込みが、こんな場所にも現れている。

話を朝鮮族自治州の州都、延吉市に移そう。

朝鮮族が人口の4割以上を占めていて、店の看板も中国語と朝鮮語を併記したものが目立つ。

ここにも、数多くの北朝鮮レストランが営業している。最新式だという店を訪ねてみると、お揃いのチマ・チョゴリに身を包んだ20数人もの若い女性が働いていた。伝統的なチマ・チョゴリではなく、チマ（スカート）は短め、デザインも現代的で可愛らしい感じだ。店内に作られた花道の上では、一時間に一度ステージが開催される。歌うのは北朝鮮と中国の曲だが、アイドル歌手のような振付がなされている。北朝鮮の人気女性グループ、モランボン楽団を意識しているようだ。女性たちはテーブルにはつかず、壁に沿って並んでいる。話しかけてみても、同僚の女性たちを気にして、あまり打ち解けてくれない。ただ、1曲100元のチップを渡せばデュエットも可能で、これまでの北朝鮮レストランとは一味違うサービスで人気を集めていた。

16年に再訪した際、この店は閉鎖されていた。表向きは改装が理由だったが、従業員はすでに帰国しており事実上の閉店に追い込まれていた。北朝鮮に対する国際社会の制裁が強化され、北朝鮮レストランも各地で、存続の危機に陥っている。中国人客が激減しているほか、上納金のノルマが負担として重くのしかかっているためだ。

17年9月の国連決議以降は北朝鮮からの出稼ぎ労働者に対する新規雇用が禁じられ、ビザの更新もできなくなった。このため出稼ぎ者の帰国が相次いでいる。私たちが取材でよく使っていた中国の店の多くも、経営難となり店を閉めた。最大の友好国だった中国ですら、北朝鮮締め出しの動きが急速に広がっている。

北朝鮮にとっての命綱

もう一つ、国境の町としてその名が知られるのが遼寧省丹東だ。

中心部から北東に15キロほど車を走らせると、山を背にした農村の一角に原油備蓄施設が姿をあらわす。施設内は大型の原油タンクが4基、小型が6基。原油のパイプは複数あるように見える。ここが北朝鮮に原油を輸送する起点となる。鴨緑江の川底に敷設されたパイプラインを通り、対岸の北朝鮮の平安北道・新義州を経て、平安南道・安州市近郊の製油所「烽火化学連合企業所」に送られる。

04年以降、毎年52～53万トン規模で推移してきた中国からの原油輸出は、ほぼすべてがこのルートで北朝鮮へ送られたそうだ。原油はほとんどが火力発電用だといい、慢性的なエネルギー不足に悩まされる北朝鮮にとって「命綱」ともいえる。

北朝鮮が核・ミサイル実験を強行し、国連安全保障理事会で制裁決議が採択されるたび、中国に対しこの「命綱」を締めるよう、国際社会から圧力がかけられてきた。中国共産党系の環球時報は、北朝鮮がまだ6回目の核実験を実施していない段階で、「もし6回目の核実験をした場合、中国は北朝鮮との石油貿易制限を含めた国連安保理決議案を支持すべきだ」との社説を掲載した。でも、北朝鮮はこの主張を無視するかのように、17年9月、

6回目を強行した。

この直前に平壌では、ある異変が起きていた。

「この給油券は1枚で中国の通貨で90元ですが、今は160元で70%も値上がりしました」

中国中央テレビは平壌駐在の記者リポートで、北朝鮮が同年の4月19日からガソリンの販売を停止していると伝えた。北朝鮮では食料品や生活必需品など一部で配給制度が今も残っている。ガソリンの場合は、給油券1枚で15キロ、およそ20リットルが支給される。

映像をみると、平壌市内にあるガソリンスタンドの大部分が閉鎖され、人の姿はない。緑色のナンバープレートを付けた外国の大使館などの車にはガソリンを販売するものの、市民には販売されず、価格が70%も高騰しているという。国連制裁が強化され、北朝鮮の商社がガソリンを供給できなくなる、との噂が流れ、住民らが備蓄に走ったのが原因と見られた。

街中を走ると、販売を続ける一部のスタンドで、ガソリンを求める車が長蛇の列をなしていた。それよりも、中国中央テレビが北朝鮮の内情を伝えるのが、実は異例なのだ。おそらく、中国当局の意向を汲み取った報道と考えて間違いない。中国が北朝鮮に圧力をかけていると内外にアピールしたかったのだろう。

北朝鮮は明らかに中国に支えられている。それでも時に、いや、頻繁に中国の言うことを聞かず、唯我独尊の道を進む。北朝鮮を人にたとえれば、憎まれっ子世に憚るというところだろうか。自尊心が高く、負けず嫌い。そんな北朝鮮とどう付き合えばいいのか。中国だけでなく日本にとっても頭が痛い隣国だ。対話と圧力、とよく言われるが、何をすれば相手に刺さるのか。それには、金正恩時代の北朝鮮をまず知り、彼らの実情を見極めるところから始めるしかない。

2　謎の北京の北朝鮮大使館

中国の中の北朝鮮

私は12年8月下旬に、フジテレビの北京支局に赴任した。北朝鮮の人間を直接取材したいというのが最大の理由だった。日本メディアはフジテレビを含め、5〜6社ほどが私のような北朝鮮ウォッチャーを中国に置いている。中国での北朝鮮取材のポイントの一つが、この章で紹介する「北朝鮮大使館」だ。

北京の一等地、日壇公園の近くにおよそ4万8000平方メートル、東京ドーム1個分ぐらいの広大な敷地の中にある。

中国全土には北朝鮮の外交官や貿易関係者、その家族らが約5000人いると言われる。北京にはこのうち3000人以上が滞在している。その人たちの拠点が、ここ大使館だ。まさに「中国の中の北朝鮮」といえる存在だ。

日本には存在しない「北朝鮮大使館」。彼らはその中でどんな活動をしているのか、ウォッチしてみた。

北京の北朝鮮大使館の入り口には朝鮮語と中国語で「朝鮮民主主義人民共和国大使館」と書かれた看板が掲げられている。門の前は緑のフェンスで囲まれ直接近づけないようになっていて、中国の武装警察が24時間警備にあたっている。大使館の脇には掲示板があり、金日成、金正日、金正恩のそれぞれの活動の写真などが展示されている。馬息嶺スキー場など金正恩の肝いりで作られた施設の写真もあった。

中に入ると庭の真ん中には大木が植えてあり、奥の茶色っぽい4階建てのビルが本庁舎だ。屋上には北朝鮮の旗がひるがえり、ダムと発電所に赤い星などを象った北朝鮮の紋章が飾られている。入り口ホールには赤い絨毯が敷かれ、階段へとつながっている。廊下には北朝鮮の宣伝物を展示するコーナーも設置され、金正日の現地指導の写真などが目につ

記者会見を行う北朝鮮の池在竜駐中国大使

く。

まっすぐ進んで突き当たりの扉の左が記者会見室だ。

北朝鮮の駐中国大使、池在竜《チジエリヨン》が記者会見を開くと、中国を始め日本、欧米など各国の記者がここに集まった。

重厚な木の扉を開けると布張りの赤い椅子が設置されている。普段は映画などを上映する視聴覚室のように見える。中央には「全党と全世界を金日成－金正日主義化しよう」と書かれたスローガンが掲げられ、壁には金日成、金正日の肖像画が飾られている。壇上には机とマイクが準備されていた。

１００人ほどが入れる会見室があっという間にいっぱいになった。銀ぶちの眼鏡にストライプのスーツ姿、胸にバッジを着用した池在竜が入ってきた。池は長らく朝鮮労働党国際部副部長を務め、10年10月に中国大使に任命された。

「我が国の自主権と生存権を守るため、やむを得ず核抑止力を持っている」

「アメリカの対北敵視政策が続く限りは朝鮮半島地域の平和と安全保障も核問題解決も期待できない」

池は案の定、北朝鮮の核保有を正当化し、米韓合同軍事演習の中止や、南北関係の改善などを求めた。大使の発言は朝鮮語で、それに中国語と英語の通訳がつく。

北京での会見では記者からの質問も受け付けたが、大使の回答はまとめて一度。都合の悪い質問には答えない。あくまで北朝鮮の主張を広めることが目的なのだ。

金正恩時代になって大使の記者会見が復活し、私も何度か取材したが、正直毎回がっくりした。彼らの一方的な主張を聞かされるだけだからだ。同時に彼らの立場で考えれば、これが限界なのだろう。外交官として海外に駐在している彼らは外の世界の考え方を知っている。北朝鮮と外界の大きなギャップをどう埋めようとしているのか、彼らの本音に触れたいと思って付き合ってきたが、その壁は容易には突き崩せなかった。

生活感たっぷり

北朝鮮大使館の中には平壌と同じ空気が漂っている。

記者会見場のある執務棟には、記念日の祝賀レセプションや日朝協議などが実施された大ホールなどもある。北側は住居棟で館員用の住居と出張者用の宿泊施設となる。

正門の裏手にはビザを発給する領事部。その前にはバスケットコートなどの運動場、売店、食堂などがある。大使館関係者は通常、正門ではなくこちらにある東門から出入りしている。

大使館の敷地内には大使館員とその家族らが約100人。さらに朝鮮中央通信や労働新聞といった国営メディアなども大使館の中に事務所や宿泊施設を構える。こうした人も併せると150人近くの人が住んでいるとみられている。家賃は大使館員の場合は無料だが、宿泊施設の方は宿泊料が必要だという。つまり、大使館がホテルのような役割も果たしていることになる。6カ国協議首席代表を務めていた金桂冠《キムゲグアン》（外務次官）ら政府高官が北京に出張してきた時は、きまって大使館の宿泊棟に滞在していた。

大使館の人たちはどんな暮らしをしているのだろうか……。

私は15年2月16日、大使館東門近くで、朝の様子を見守った。「2月16日」は金正日の誕生日で、北朝鮮の祝日にあたる。

小さな子供が母親と見られる女性と一緒に歩いている。連れだって歩く女性の姿も目につく。次に若者。中国の大学に通う学生だろうか。友人らと一緒に談笑しながら外出しようとしている。お揃いの赤の上下のジャージにグレーのダウンコートの男性3人が歩いてきた。服装からスポーツ関係者と見られる。

北朝鮮は近年、優秀なスポーツ選手をコーチとして積極的に海外に派遣し、外貨を稼いでいる。このためスポーツ関係者の往来が活発で、大使館に出入りする姿がよく見られるのだ。

一人の男性が携帯電話を手に出てきて急いで女性に手渡した。女性はそのまま話し込んでいる。北朝鮮大使館でも携帯はもはや必需品だ。多くの人が日常的に使っていて、スマートフォンも普及しつつある。ただ北朝鮮の携帯電話は海外では通じないため、中国製の携帯を持つ人が多いようだ。

東門の前では女性たちが配達された食品を運んでいく。中にある売店や食堂で使われる食品のようだ。カジュアルな服装の若い女性たちが台車に山盛りに物資を積んで次々に中に運んでいる。門の前にはまだまだ大量の白菜やネギなどの野菜が残されていた。配達の車の中から野菜を運び出すと、今度は大量の肉を取り出した。無造作に地面に置いていく。中国の店員と見られる女性が伝票を手に注文を確認している。外部の車は大使館内に入れないのか、いったん門の前で食品をおろし、台車に積み替えていた。

東門のすぐ脇の低層の建物の看板には、理髪・美容と書かれているのが見て取れた。髪を切るのか、男性らが入っていく。この他にもスーパーなどの売店や、食堂など、大使館の中だけで生活できるような設備が整っている。

大使館の中には診察室もあって、医師の資格を持つ館員の家族がボランティアで診察を担当しているそうだ。医療費は国家負担で、病状が深刻な場合は平壌に戻って治療する。

大使館の普段の生活を紹介しよう。

月曜日から木曜日は通常業務。金曜日は「金曜労働」。これは、大使館内の整備や清掃などの労働奉仕を指す。北朝鮮にいれば、現地で道路や職場の清掃に参加することになる。土曜日は「土曜学習」で、朝から大使館内で開かれる講演会などに参加して金正恩の重要指示や党の方針などを学習する。午後は朝鮮の新作の記録映画などを見る。大使館にいても北朝鮮での情報に遅れないように努めているそうだ。日曜は休み。これは本国での１週間とほぼ同様のスタイルだ。

大使館の外での単独行動は原則禁止されている。地位の高い人は別だが、おおむね２人１組で行動し、お互いに監視しあっている。自由に行動することはほぼ不可能だ。出入り口は午後11時には閉鎖される。

大使館の男性職員の楽しみといえば、時間が空いたら運動して、夕方になったらビールを飲むことだそうだ。

大使館周辺にはハングルの看板を出した商店がずらりと並ぶ。洋服や眼鏡、電子製品など様々なものを売っている。ほとんどが北朝鮮からの出張者向けの店で、大使館員が連れだって買い物する姿も見られる。北朝鮮に送るための包装を手がける専門店には、いつも大勢の人が詰めかけている。

大使館のすぐ隣には「銀畔館」という名前の北朝鮮レストランがあり、日朝国交正常化交渉担当大使の宋日昊《ソンイルホ》もここで食事をしていたことがあった。大使館のすぐ近くにあるだけに、味はかなり本場に近い。だが、この店も今はもうない。

3　素朴な大使館の運動会

好成績は忠誠の証

金正恩は北朝鮮を「体育強国」にせよと指示している。国際的なスポーツ大会にも積極的に選手を派遣し、優秀な成績を収めた場合は大々的に宣伝する。スポーツを通じて国威を発揚することで国民の気持ちをつかもうとしているのだ。20年の東京オリンピックも当然意識していて、好成績を収めるよう今から檄をとばしているという。

少し古いが中国側の統計では、年間６０００人程度の北朝鮮のスポーツ関係者が中国での競技や他国での試合に向かう際に北京の大使館に寝泊まりしている。党や政府の関係者などを併せると年間延べ３万〜４万人が大使館の宿泊施設を利用すると言われる。

２月16日。大使館の東門側に続々と人が出てきた。コートやスーツ姿の男性がほとんどだ。鞄を持っている人も多く、大使館以外の場所から来た人たちも混じっていると見られる。この日は金正日の誕生日、朝からお祝いの集会に出てそれがちょうど終わったところのようだ。

かなりの人数の人が、大使館の裏手にある運動場に向かって歩いていく。運動場を見ると、運動着姿の人が目立って増えていた。多くの人が集まって、何かが始まるのを待っているようだ。

黒のお揃いのジャージ姿の人がたくさんいる。ジャージの背中には英文でＤＰＲＫ（朝鮮民主主義人民共和国）と書かれていた。

裏庭に集まった人たちの一部が、白いフェンスを動かし始めた。長いフェンスを幾つも動かして、建物の脇に寄せていく。準備体操のつもりか、腕を振り、バレーボールのアタックのような素振りを繰り返す男性もいて、何やらやる気満々のようだ。グレーのジャージに着替えている男性もいる。

胸には北朝鮮の旗、そして背中には赤字でやはり、DPRKと書かれている。あちこちで男性たちが運動着に着替えている。お揃いの運動着は大使館から支給されたものなのだろうか。靴も運動靴に履き替えている。

どうも、運動会が始まるようだ。

今度は男性2人が机を運んできた。続いて……太鼓も登場。競技にでも使うのか。自転車に乗った男性は、何故かノロノロと走っている。現代的なデザインのスポーツ自転車だ。準備が待ちきれなくなったのか、バレーボールを始めるグループもいる。ボールさばきが巧みで手慣れた感じだ。北朝鮮では余暇にサッカーやバレーボールなど運動することが奨励されていて、特に男性は体を動かすのを好む人が多いのだ。

最初に集合してから30分以上たってようやく、人々が動き出した。

女性が多いグループでは、黄色やピンク、赤などカラフルな色のコートが目立つ。若い女性も大勢参加しているのがわかる。ジャージ姿の男性たちも集まり始めた。運動場にグループごとに整列していく。一グループが30〜50人程度だろうか。四つのグループに分かれて並んでいる。

始まったのはグループ対抗での運動会だった。

ボールがかなりのスピードで移動している。折り返して……、木にさえぎられて下は見えないが自転車か何かに乗っているようだ。頭に下敷きのようなものを置いてその上にボールを載せ、落とさないようにしてどれだけ速く走れるかを競っているのだった。ややゆっくり、ボールを落とさないよう慎重に走る人、最初からかなりのスピードで飛ばす人、ボールの動きと共に歓声が上がる。ボールを落とさずにすごい速さで動いて……。そのままゴール！　女性が飛び上がって拍手している。

今度は自転車が登場。3組が自転車に乗ってゆっくり走っていく。時折、ふらついたりもしている。どうも足をつかずにどれだけゆっくり走れるかを競うレースのようだ。横にいるのは審判で、足をつかなかったかどうか厳しく監視している。北朝鮮ではよくある競技なのだろうか。審判までついてかなり本格的だ。

競技中は応援にも熱が入る。

♪イギョラ、イギョラ（勝て、勝て）

応援の声が響き渡る。応援団長らしき男性が手を振って応援の音頭を取り、最後は拍手してガッツポーズを見せた。

競技の合間に男性たちがポリ袋に足を突っ込み、飛び跳ねていた。これも競技の一種なのか。練習のようにも、遊んでいるようにも見えた。

盛り上がる駐在員たち

ムカデ競走や北朝鮮特有の競技を交えながら、運動会は佳境を迎えた。

メガフォンを持った男性が競技について説明している。走者の足元には2個のボール、手にはバトンが握られている。それぞれのレーンの横には監視員が見守っている。合図と共に2個のボールを蹴りながら走りだすが、二つのボールを同時にコントロールするのは至難の業だ。各自次の走者にバトンと共に二つのボールを渡そうとするが、ゴールの前はボールと人が入り混じって大混乱していた。

競技の締めは綱引きだった。

女性も混じって綱を握る。応援団も総立ちで応援する。運動場を細長く使って綱が準備された。かなり長い綱で、結構使い込まれていた。

ピーッという笛の音と共に綱引きが始まった。腰を落として懸命に引っ張る両チーム。が次第に、片方がズルズルと引きずられていく。勝ったチームは、参加者も応援団も万歳して勝利を喜びあう。

競技を終えると再び整列し、競技の結果が発表されているのだろう。拍手をしてそれぞれの組の健闘を讃えている。

優勝したチームのものなのか、金色のトロフィーを無造作につかみながら、笑顔で仲間と話す男性がいた。

参加賞のようなものも配られ、多くの人がノートのようなものを手にしていた。男女混合、年齢も様々だったが、運動会は2時間以上、大いに盛り上がった。

この様子をみながら、北朝鮮の人たちの素顔を一瞬、垣間見た気持ちがした。とても素朴な人たちの素朴な行動で、北朝鮮の報道で目にする声高な政治宣伝や、軍事パレードで見せる熱狂的に金正恩崇拝を叫ぶ人々とは全く別の姿だった。最高指導者やその取り巻きの見せる強硬姿勢と、この目の前の素朴人たちとのギャップ、これを埋めていくのも、メディアの役割かと感じた。

4　モランボン楽団「追っかけ」をやってみた

金正恩直属の美女楽団

確かに、彼女たちは異色の美女集団だった。

金正恩が自ら選抜し、結成させた女性グループ「モランボン楽団」。そのメンバーが15年12月中国を訪問した。初の外国公演、中朝関係改善の先駆けとして注目を集めた中国公演だったが、彼女たちは突如公演をキャンセルし帰国してしまった。私はモランボンの「追っかけ」と化し、北京到着から出発までの一部始終に密着した。モランボン楽団に何が起きたのか、ドタキャンの謎を探った。

モランボン楽団——12年7月のデビュー公演でアメリカ映画、ロッキーのテーマ曲を演奏し、ミッキーマウスやくまのプーさんのキャラクターと共にディズニーの歌を熱唱。北朝鮮が敵国とするアメリカの音楽やポップスを大衆の面前で披露し、世界をあっと言わせた。金正恩直属の「1号楽団」として、瞬く間に北朝鮮を代表する音楽グループとなった。

そのモランボン楽団が満を持して、北朝鮮軍の合唱団と共に中国を訪問。初の外国公演に臨むことになった。

出発の際には、北朝鮮の序列5位、金己男《キムギナム》（朝鮮労働党書記、当時）や、中国の李進軍《リージンジュン》大使らが平壌駅で見送った。公演は中朝関係改善を内外にアピールするもので、成功すれば金正恩の初めての中国訪問の地ならしになるものと期待されていた。

12月10日早朝、一行は北京駅に到着した。モランボンのメンバーはお揃いの毛皮の帽子にカーキ色のコート姿だ。荷物を手にホテルに入る楽団員たちの中には、シャネルのマー

中国公演で北京入りしたモランボン楽団

クが付いたバッグを持った女性もいた。

ひと言お願いします、と声をかけてみると……。

「とても歓迎してもらって感謝しています。中国に親近感がわきました。公演が上手くいくように努力します」

女性団員がはにかみながらインタビューに応じてくれた。外国メディアの取材は初めてだったようだ。

女性たちの髪型はショートボブやショートカットが多い。軍に所属しているため、みな軍服を着用している。肩には階級章、胸には金日成バッジが輝く。軍の合唱団は男性主体で、両楽団合わせると１００人以上の大訪問団となった。

これだけの大人数での訪問となると、移動だけでも大変だ。受け入れは中国共産党の対外連絡部が担当、大型バスを８台チャーターしホテルも全て中国側が手配し、公演に向けて最大限配慮していた。一方、北朝鮮側も楽団が平壌を出発する際、朝鮮労働党の幹部が顔をそろえるなど、双方ともこの公演を非常に重視していることを示した。

ホテルで昼食をとった一行は、リハーサルのため劇場へ。衣装や楽器を手にバスへと乗り込んだ。

公演は3日間、会場は北京の随一の劇場「国家大劇院」だ。チケットは一般販売されず、招待客に限定された。中国の最高指導部、習近平国家主席や常務委員クラスの観覧があるのではないかと取り沙汰されていた。

中国滞在2日目。一行は午前中、北京動物園を参観した。でも、見学したのはパンダではなく海洋館だった。最初はインタビューにも応じてくれた彼女たちだが、食堂に韓国の聯合ニュースの記者が潜入し、団員に接触を試みたのがきっかけでガードが固くなった。ホテルの出入りで、記者たちに取り囲まれても黙ったままエレベーターに乗り込んでしまう。一緒に大量の段ボールが運び込まれるのも目撃された。キムチ40袋、「美味しく食べてください」と書かれた紙が貼り付けられていた。団員たちへの差し入れなのだろうか。

「(メディアが)毎回写真を撮るので、どう対応したらいいかわかりません」

髪の長い女性が中国側関係者にこう訴えていた。モランボン楽団の玄松月《ヒョンソンウォル》団長だ。玄団長は、かつては銀河水管弦楽団のトップ歌手として活躍し、韓国メディアで金正恩の元恋人と伝えられたこともある。北朝鮮側の責任者として団の指揮を執っていた。

午後は再びリハーサルへ。

ドン、ドン、ドン……。

大劇院のホールで入念にリハーサルするメンバーたち。軍服のネクタイを取り、少しラフな感じで演奏している。

舞台には中国人民軍を示す「八一」の文字。中国の兵士を讃える「英雄賛歌」を練習していた。中朝友好をアピールするため、中国語の歌も演奏されるようだ。

玄松月モランボン楽団団長

本番前とあって、この日のリハーサルは6時間近くに及んだ。練習を終えたメンバーたちは……。

寒くないですか？……（首を振る）

何曲準備しましたか？……（無言）

明日の公演、うまく行きそうですか？……（ほほ笑む）

自信ありますか？

「はい」

こう言った瞬間、中国側が遮った。他の質問にはほとんど答えなかったが、公演には自信があるときっぱり。劇場を離れる際はバスからにこやかに手をふっていた。この時点では公演が中止になるような気配は全く感じられなかった。

突然の異変

そして迎えた公演当日――。

異変が起きたのは昼過ぎだった。

モランボン楽団のメンバーがスーツケースや着替えなどの荷物を持って出てきた。大型バスではなく北朝鮮大使館の車に分乗し、荷物を積み込んでいる。これまでとは打って変わった行動だ。公演当日というのに、一体どこへ向かおうというのか……。

一行の車は会場の国家大劇院を通り過ぎ、空港の方向へとひた走る。

空港で車を降りると、笑顔はなく一様に硬い表情だ。問いかけにも一切答えず、無言で、航空会社の事務所に入っていった。

結局一行はそのまま平壌行きの便に乗り込み、帰国。公演は中止に追い込まれた。残っていた軍の合唱団も夜の列車で北京を離れ、モランボン楽団の中国公演は幻に終わった……。

公演前日はみっちりリハーサルをし、中止の兆候は全くなかったことを考えると、問題が生じたのはその日の夜から朝にかけてと見られる。

金正恩が直前の視察で北朝鮮がすでに水爆を保有していると発言したことに加え、中国側の幹部出席取りやめ、金正恩の元恋人報道、など様々な理由が取り沙汰された。

中朝関係改善の契機として、鳴り物入りで準備された公演だ。それをドタキャンしたのは北朝鮮にとって絶対譲れない問題が起きたからだとしか思えない。中国側の出席者の格に不満があったのか、演目にかかわることなのか、理由ははっきりしないが、おそらく金正恩に関することで、中国側との間に齟齬が生じたのだろう。

私はこの2カ月前に平壌でモランボン楽団の公演を見たが、金正恩や党に忠誠を誓う歌がほとんどで、バックにはミサイルや核開発を誇るような映像が流されていた。確かに中国側が問題にしてもおかしくない内容が含まれていた。

北朝鮮関係者はドタキャンの理由をこう説明した。

平壌で中朝が打ち合わせした際、中国側が金正恩に対する忠誠の歌があまりに多いので変更してほしいと要求。その時は北朝鮮側も了承したが、北京でのリハーサルでは内容が変わっていなかった。北朝鮮側は「金正恩の指示した公演内容を変えることは一切できない」と中国側の要求を突っぱねた。中国側はこの内容では最高指導部に見せられないと判

平壌でのモランボン楽団の公演

断、出席者のランクを常務委員から次官級に落とした。北朝鮮側はこれに怒り、モランボン楽団を引き揚げさせたという。

一方、韓国の国情院は演目と水爆発言など複合的な要因が作用したとの見方をした。中国は6カ国協議の議長国として北朝鮮の核問題を重視しており、金正恩の水爆保有発言や核開発誇示の姿勢を問題視した可能性が高いとの分析だった。

中国外務省や新華社は公演中止の原因について「コミュニケーション不足による齟齬」のためと説明する一方で、「中国は中朝の文化交流を重視していて今後も交流を続けていく」と北朝鮮への批判を避けた。また、モランボン楽団という言葉をインターネットで検索できなくするなど鎮静化に躍起だった。

一方、北朝鮮側は公演中止について一切報道せず、楽団の平壌出発のニュースはネットから削除された。

モランボン楽団のドタキャン劇は、その後、中朝関係に大きな影を落とした。もしあの時、訪中公演が成功していたら、中国の世論がやや好転し、その後の中朝関係も変わっていたかもしれない。「金正恩の指導を変更することはまかりならない」という理由でドタキャンを強行したモランボン楽団。結局、全ては金正恩への忠誠競争がなせるわざだったのかと思えてくる。あるいは金正恩自身が、「核問題では口出しさせない」ことを中国に思い知らせたかったのかもしれない。

5　出稼ぎ労働者のレストラン

売りは女性ウエイトレス

中国には、多くの北朝鮮国民が出稼ぎにやってくる。北朝鮮レストラン、俗称「北レス」の従業員もその業種の一つだ。

北朝鮮料理を食べながら、平壌出身のウエイトレスの歌や踊りを楽しむ――この北レスは、中国を中心に世界各地に店舗を展開している。もちろん日本は除いて。平壌キムチや平壌冷麺、犬肉、サザエなど、北朝鮮料理を中心にメニューを取り揃え、店舗に設けられたステージや個室のカラオケを使って、ウエイトレスが歌やバンド演奏を披露する。

北レス関係者によると、中国の場合、北朝鮮の政府機関や有力ホテルが中国企業と合弁して経営しているケースが多い。北朝鮮側が女性従業員や調理師を派遣して、食器などを持ち込み、資金や店舗は中国側が提供する。これまで北朝鮮にとって有力な外貨稼ぎの手段として存在感を発揮してきた。

私が駐在していた北京で最も大きな北レスが「北京平壌海棠花」。かつて北京中心部の新源里、望京、朝外大街にそれぞれ店舗を持っていた。ほかにも「平壌銀畔館」「金剛苑」「平壌カフェバー」「妙香山飯店」「平壌館」などの北朝鮮系レストランが進出していた。

北レスの売りは、もちろん女性ウエイトレスだ。02年の韓国・釜山アジア大会で有名になった「美女応援団」ばりの美人を揃えている。でも、女性たちはみな同じような化粧をほどこし、客とのやり取りもマニュアル通りで、笑顔を見せても目は笑っていないように思えた。

その北レスも、金正恩体制になって異変が生じている。

16年4月、中国浙江省の北朝鮮レストランで働いていた13人の従業員が韓国に集団亡命した。指導部への上納金が負担で脱出を決意したと見られている。国連の制裁などで北レスの経営が苦しくなっているというのは前述したが、集団脱北は異例だ。

北朝鮮レストランの従業員というのは、党幹部らの身内など出身成分（北朝鮮の身分制度。核心、動揺、敵対の3つの階層に分けられる）が比較的良く、思想的にもしっかりした人が選ばれるとされてきた。思想教育と相互監視を徹底してきたはずの北朝鮮に何が起きているのだろうか。

マスクをかけ、うつむきながら歩く女性たち。韓国に集団脱北した北朝鮮レストランで働く女性12人と男性支配人一人の13人の写真だ。韓国統一省が公開した。色とりどりのダウンジャケットを着て、手にはスーツケースを持っている。

韓国統一省は脱北の理由について、「北朝鮮当局から要求される外貨上納など圧迫が続き、これに相当な負担を感じていた」という言及があったと明らかにした。従業員らは北朝鮮指導部に差し出す上納金の負担に耐え切れず、脱出を決意したと見られた。

「海外で生活して韓国のTVドラマ、映画、インターネットなどを通じて韓国の実際と北朝鮮体制宣伝の虚構性がわかるようになった……」

こう証言する従業員もいた。

海外で生活する中で韓国の情報やドラマなどに触れ、韓国に憧れる一方、北朝鮮の体制に幻滅したことも決断を後押ししたようだ。

海外でも思想教育は徹底

私は同僚の撮影した映像に驚いた。

♪アンニョンハセヨ～

女性従業員が勢ぞろいした北京の北朝鮮レストラン。営業前に全員で思想学習に取り組む日課の様子が映し出されていた。

「敬愛する金正恩同志を朝鮮労働党第一書記に高く推戴《すいたい》したことを内外に厳粛に宣言しました」

リーダー格の女性が、アップル社製のノートパソコンを手に、ネットに掲載された労働新聞の記事を読み上げると、拍手が沸き起こった。

この時は12年4月、金正恩が「朝鮮労働党第一書記」に推戴されたちょうど翌日だった。

海外の北朝鮮レストランに派遣されるのは、党や軍関係の子弟など出身成分が良く、中産階級以上で思想的にも堅固とされる「選ばれた人たち」だ。思想学習が終わると、最後は直立して愛国歌の演奏に聞き入る。海外でも徹底した相互監視や思想教育が義務付けられているのがわかる。

営業前に思想学習に取り組む北朝鮮レストランの従業員（12年４月）

話をしてみた。

「（北）朝鮮の将来は、敬愛する金正恩同志の賢明な領導の下で一層輝き飛躍するでしょう。そう信じています」

――海外での生活に不自由はない？

「私たちの生活の隅々まで配慮してくれる温かい祖国の懐に包まれ、何の心配もなく幸せに過ごしています」

模範回答が返ってきた。

休みの日に何をしているか聞いてみると……。

「休みの日は同僚たちと遊園地や動物園に行ったりして遊びます。海外にいても北朝鮮の新しい映画やカラオケを見て毎晩、同僚たちと楽しく過ごしています」

北朝鮮レストランで働く従業員たちが、カメラの前でにこやかに答えるのは珍しい。多くの店では公演の撮影も禁止されているのが普通だ。金正恩体制発足初期の頃は北朝鮮側のガードも今ほど固くはなかったことを示す一例だ。

かつて、中国の北朝鮮レストランは韓国人観光客にも人気の観光名所だった。韓国では「南男北女」という言葉があり、北朝鮮女性には美人が多いと考えられている。日ごろ接することができない平壌美女と写真を撮りたいと願う韓国人男性のために、ツアーにも北レスが組み込まれていた。

しかし16年3月に韓国政府が、独自制裁の一環として海外にある北朝鮮レストランの利用を禁止。その後、中国の北朝鮮レストランで働く従業員が集団で韓国に亡命すると、南北の対立が激化した。

北朝鮮側は「韓国の情報部員が従業員を手懐け、欺いて連れていった『誘拐・拉致行為』だ」と猛反発した。さらに韓国政府に「謝罪と即時引き渡し」を求め、応じなければ「想像できない重大な災いと懲罰措置がともなう」と警告した。

海外の北朝鮮レストランには従業員を監視する国家保衛省の要員がいて、異常がないか目を光らせている。厳しい監視をどう逃れたのか、この点は明らかになっていない。北朝鮮側は韓国の情報当局による「誘拐・拉致」と非難しているが、関係者への処罰は必至だ。監視と締め付けが一層厳しくなっている。

それでも、北朝鮮エリートの脱北は後を絶たない。

「金正恩体制に嫌気がさし、自由と民主主義に憧れた。子供たちの将来を心配している」

北朝鮮の在英大使館のナンバー2だった太英浩《テヨンホ》公使は、16年8月、家族と共に韓国に渡った。北朝鮮外交官の脱北としては最高クラスだ。7月にはロシア駐在の3等書記官、香港で開かれた国際数学オリンピックに参加した大学生の脱北が伝えられた。韓国メディアは16年夏までに韓国に亡命した北朝鮮外交官は10人近いと報じた。

「金正恩体制に亀裂が生じていることは確かだ」

韓国統一省はエリートの亡命が相次いでいることについて、こう分析する。一方で、「崩壊につながる〝引き金〟になるかどうかはもう少し見守る必要がある」との見解も示した。

ベルリンの壁は東ドイツで旅行の自由が認められたのがきっかけで、国民が壁に殺到して崩壊した。

北朝鮮からの脱出者が急増して、その勢いが止められない段階になれば——それこそ金正恩体制が崩壊する引き金になるかもしれない。

しかし、金正恩は恐怖政治で体制の引き締めを図り、核・ミサイルの放棄をあくまで拒否している。

おわりに——裸の王様か、独裁者か……正恩体制の行方

客席に老若男女が入り混じって座り、みなが満面の笑みを浮かべている。目は好奇心に満ちて爛々《らんらん》と輝き、口は大きく開き、身体を前後させている。両手で拍手しながら、時に思い思いの歓声を上げている——。私の記憶には2013年9月、平壌・綾羅人民遊園地のイルカ館でショーを観た際の、観客たちの様子が鮮やかに息づいている。意外にも、北朝鮮のお客さんたちは、驚くほどノリが良かった。

飼育員が指示すると、イルカが水面を上下動する。3頭がシンクロしながら水面から出てきて、また戻る。そこに人魚や流氷の天使と呼ばれるクリオネのようなコスチュームを着た女性たちも交じる。イルカはステージに上がったり、飼育員にキスをしたり、口でサッカーゴールにシュートしたりする。観客たちは心の底からショーを楽しんでいるようだった。

……普段、北朝鮮のテレビで見るわざとらしいアナウンサーや、市民パレードで「金正恩万歳」と叫ぶ顔とは全く違う、文字通り、いきいきとした様子だった。

金正恩は遊園地や水遊び場などの娯楽施設の建設に力を入れてきた。綾羅遊園地もその一つだ。12年7月、遊園地のオープンに先立ち、金正恩自身が幹部とともに絶叫マシーンに試乗した際、おおはしゃぎしていたシーンをご記憶の方も少なくないかもしれない。

綾羅遊園地の取材を申し込むと、午後8時と指定された。「子供の遊戯施設なのに、なんでこんな遅い時間に？」と尋ねると、案内人は「平壌の遊園地の多くは18時～24時の夜間営業で、昼間は労働や学習で忙しく、ストレス解消をするのは夜なのです」と説明した。

楽しそうな北朝鮮の住民たちの姿を見ながら、私は考えた。

なぜ金正恩は、これまでの北朝鮮にはなかった新たな娯楽施設を次々に建設するのか。自身が楽しいと感じた娯楽を、住民たちにも共有させようとしているのではないか――。

イルカ館の建設には巨額の外貨が投じられた。飼育するイルカの数は8頭。野生のイルカは捕獲が禁止されているため、購入には一頭30～50万ドルが必要だ。また、黄海から海水を引き込むための大掛かりな工事も施され、韓国メディアは周辺の綾羅人民遊園地の開発と併せて11億8000万ドルが使われたと推定している。

確かに最高指導者になった直後、金正恩は「人民愛に満ちた指導者」というイメージを住民に広めようとしていたふしがある。そして、北朝鮮住民には社会の変化への期待があり、明るさがあった。生活も少しずつよくなり始めていた。

本編でも述べたように、金正恩が核・ミサイル開発へと傾斜する転機となったのは、叔父・張成沢の粛清だ。

こんな証言がある。

12年12月末、北朝鮮指導部内部で核実験をめぐって激論が交わされた。

金慶喜・張成沢夫妻や姜錫柱《カンソクジュ》ら当時の経済・外交チームはこぞって実験に反対していた。一方、当時の朝鮮人民軍総政治局長だった崔竜海ら軍部は「核実験をやるべきだ」と主張し、金正恩は結局、軍部の主張を受け入れたという。

13年2月、北朝鮮は3度目の核実験に踏み切った。

このころから、金正恩の張成沢に対する疑心が芽生えていったようだ。

4カ月後、朝鮮戦争休戦60周年の式典に中国は李源潮国家副主席を派遣し、中朝関係は融和ムードに転じた。だが、それも長く続かなかった。この年の12月、中国とつながりが強かった張成沢が電撃粛清され、中朝関係は再び氷河期に突入した。

金正恩は中国の意向を無視するように、いま、核・ミサイル開発に邁進《まいしん》している。リビアやイラクのように、核を手放したら抹殺される、そう信じているからだ。隙《すき》を見せれば、米韓が「斬首作戦」と銘打って自分を暗殺すると警戒している。その焦りと疑心暗鬼が金正恩を核・弾道ミサイル開発に走らせている。

だからこそ、一日も早く米本土に到達する大陸間弾道ミサイル（ICBM）を完成させなければならない。そうなって初めてアメリカと対等に交渉できると考えているのだ。

金正恩は弱みを見せることができない。それを見せれば、北朝鮮内部に動揺が走り、権力基盤が弱体化するのだ。これは特権階級も同じだろう。このため、アメリカの軍事圧力に屈せず、あくまで対抗する姿勢を見せつけなければならない。「独立記念日の贈り物」と称してICBMを発射するのは、必要以上に挑発的な態度を取らざるを得ないからだ。

だが、これに伴う経済制裁の重圧は、次第に庶民の生活を圧迫し始めている。ガソリンは高騰し、自給自足が奨励されている。今年初めには、金正恩が「漁労戦闘」を命じ、北東部の清津などから日本海にイカ釣り漁船が押し寄せた。粗悪な燃料を使った粗末な木造船の漂流が急増している。

北朝鮮はどんなに圧迫されても、完成の一歩手前に来ている核・ミサイル開発を放棄することはないだろう。何度も言うように、それが金正恩にとっての絶対に手を離すことができない命綱だからだ。

平昌五輪を機に対話の動きも出ているが、核・ミサイル開発の時間稼ぎに使われる懸念はぬぐえない。米朝間の緊張が再び高まり、軍事衝突にまで発展する事態になれば、日本は、現行法の中で最大限のアメリカへの協力を求められ、日本国内の米軍基地や、原発などの重要施設が攻撃目標になることは避けられない。

韓国にいる約4万人の在留邦人の避難は？　北朝鮮から逃れて日本をめざす難民への対策は？　朝鮮半島有事に、日本は否応なく巻き込まれる。そのことを今からよく考えておかなくてはならない。

アメリカと北朝鮮のどちらが時間競争の勝者になるのか。どちらになっても日本の安全保障は重大な危機を迎える。金正恩体制の今後と北朝鮮の未来、その行き着く先は未だ見えてこない。

〝最大限の圧力〟によって、金正恩が核・ミサイルの放棄を決断し、アメリカとの交渉を開始する……。楽観的すぎるかもしれないが、そんなシナリオが実現したら武力衝突の危機は免れるかもしれない。

これまでに知り合った北朝鮮の人たちの顔が目に浮かぶ。彼らの将来にはどんな運命が待ち受けているのだろうか。不機嫌な指導者・金正恩が北朝鮮の人たちをこれ以上苦しめないでくれるよう祈るばかりだ。

本稿をまとめられたのは、何よりもフジテレビ報道局、国際取材部の協力のおかげだ。北京、ソウル支局で取材を共にした同僚、スタッフには特にお世話になった。執筆にあたっては平凡社の金澤智之さんに様々なアドバイスを頂戴した。本を書くという初めての体験に何から手をつければいいのか、途方にくれていたところ、毎日新聞外信部の工藤哲記者と、西岡省二副部長のお二人が、手を差し伸べ、背中を押してくださった。この場を借りて心から感謝申し上げる。

また本稿は個人の見解をまとめたものであり、所属機関の論調とは関係ないことを付記しておきます。

【著者】
鴨下ひろみ（かもした ひろみ）
フジテレビ報道センター室長兼編集長。東京外国語大学朝鮮語学科卒業。韓国延世大学大学院修士課程修了。1987年にフジテレビ入社後、外信部、政治部、香港支局（97～2000年）、ソウル支局（04～09年）、北京支局（12～17年）を経て現職。「報道2001」「FNNスーパーニュース」では番組制作に携わる。北京駐在中、インターネット放送ホウドウキョクで中国や朝鮮半島のニュースを特集する番組「鴨ちゃんねる」（15～17年）を制作・出演。

平凡社新書８７０

テレビに映らない北朝鮮

発行日――2018年３月15日　初版第１刷

著者――鴨下ひろみ

発行者――下中美都

発行所――株式会社平凡社
東京都千代田区神田神保町3-29　〒101-0051
電話　東京（03）3230-6580［編集］
　　　東京（03）3230-6573［営業］
振替　00180-0-29639

印刷・製本―株式会社東京印書館

装幀――菊地信義

ISBN978-4-582-85870-9
NDC 分類番号312.21　新書判（17.2cm）　総ページ272
平凡社ホームページ　http://www.heibonsha.co.jp/